UNTERRICHTEN

Sönke Zankel

Projektarbeit und Forschendes Lernen

Ein Leitfaden für die Fächer Politik, Wirtschaft und Geschichte

Mit über 125 Ideen für die Praxis

WOCHEN
SCHAU
WISSENSCHAFT

Bibliografische Information der Deutschen Nationalbibliothek

Die Deutsche Nationalbibliothek verzeichnet diese Publikation in der Deutschen Nationalbibliografie; detaillierte bibliografische Daten sind im Internet unter http://dnb.d-nb.de abrufbar.

GEFÖRDERT VOM

Bundesministerium
für Bildung
und Forschung

LeaP@CAU wird im Rahmen der gemeinsamen „Qualitätsoffensive Lehrerbildung" von Bund und Ländern aus Mitteln des Bundesministeriums für Bildung und Forschung gefördert.

www.wochenschau-verlag.de

Umschlaggestaltung: Ohl Design
Titelbild: ©strichfiguren.de, adobe stock
Gedruckt auf chlorfrei gebleichtem Papier
Gesamtherstellung: Wochenschau Verlag
ISBN 978-3-7344-0623-2 (Buch)
E-Book ISBN 978-3-7344-0624-9 (PDF)

Inhalt

Vorwort 9

I. Zur theoretischen Einordnung: Projektlernen und Forschendes Lernen

1. Projektlernen und Forschendes Lernen 15
1.1 Projektunterricht 15
1.2 Die Frage nach der Fachlichkeit 19
1.3 Forschendes Lernen 20

2. Rolle der Lehrkraft 25
2.1 Fehler zulassen 25
2.2 Unsicherheit gehört dazu, nicht alles ist planbar 26
2.3 Schüler/innen viel machen, aber nicht alleine lassen 26
2.4 Verantwortung delegieren 27
2.5 Kritik und Probleme 28
2.5.1 Faktor Zeit 28
2.5.2 Nicht alle werden angesprochen 29
2.5.3 Die Frage nach den Lerneffekten 30
2.5.4 Kritik an der Handlungsorientierung 30
2.5.5 Ideologische Kritik 30

II. Projekte entwickeln, planen und realisieren

1. Ideen entwickeln 35

2. Recherchieren, Präsentieren, Texte verfassen und die Notwendigkeit von Leitfragen oder Hypothesen 37
2.1 PowerPoint als Problem 38
2.2 Leitfrage oder Hypothese als Ausweg 39
2.3 Nachweispflicht in Präsentationen 41
2.4 Die schriftliche Hausarbeit 41
2.5 Gründliche Recherche 44
2.6 Es geht um Bildung, nicht ums Verkaufen 47

3. Organisation von Projekten 48
3.1 Orientierung am klassischen Projektmanagement 49
3.1.1 Meilensteine 50
3.1.2 Risikomanagement 51
3.1.3 Kostenmanagement: Wie viel Aufwand ist erforderlich? 52
3.1.4 Projektsteuerung und Qualitätsmanagement 52
3.1.5 Projektleitung 52
3.1.6 Die Basisvariante der klassischen Projektorganisation 53
3.2 Einfach und effektiv: die Kanban-Methode (agiles Projektmanagement) ... 55

4. Das Projekt bekannt machen 57
4.1 Welche Veröffentlichungs- und Presseorgane gibt es? 57
4.2 Pressekonferenz 58
4.3 Werbefilme und Kino-Werbung 59
4.4 Presseerklärung und Presseartikel 60

III. Projektarbeit und Forschendes Lernen in den Fächern

1. Politik 65
1.1 Entwicklungsprozesse initiieren und begleiten: das Konzept der Konferenzorganisation 65
1.1.1 Organisation einer Konferenz 67
1.1.2 Werbung und Öffentlichkeitsarbeit 68
1.1.3 Freiwilligkeit als Voraussetzung und Gelingensbedingung 69
1.1.4 Der Konferenztag 72
1.1.5 Kritische Bewertung 73
1.1.6 Alternativen: Politikkonferenzen 74
1.2 Schule als Lernfeld 75
1.2.1 Schüler/innen als Sozialforscher 77
1.2.2 Ein Projektbeispiel 77
1.2.3 Lernchancen 81
1.3 Weitere Ideen für das Fach Politik 82
1.3.1 Szenarien zur Entwicklung der Kommune 82
1.3.2 Politikberatung 83
1.3.3 Meinungsforschung auf lokaler Ebene und darüber hinaus 83
1.3.4 Schülerzeitung und Schülerfernsehen 84

2. Wirtschaft 84
2.1 Realisierung einer Schülerfirma 85
2.1.1 Problemanalysen und Organisationsfragen 86
2.1.2 Businessplan erstellen 88
2.1.3 Kennzeichen des Produkts oder der Dienstleistung 88
2.1.4 Darstellung der Zielgruppe und des Marktes 90
2.1.5 Welche Mitkonkurrenten gibt es? 91
2.1.6 Gründe, warum sich diese Zielgruppe für das Produkt bzw. die Dienstleistung interessieren könnte 91
2.1.7 Marketing 92
2.2 Forschendes Lernen im Bereich Ökonomie 92
2.3 Weitere Ideen und Hinweise zum Thema Schülerfirmen 94
2.3.1 Schulbedarf 95
2.3.2 Fair Trade 97
2.3.3 Catering aller Art 98
2.3.4 Werbeagentur, Filmproduktionsfirma 99
2.3.5 GOLD, der Fashion Store oder: der Second-Hand-Laden 100
2.3.6 Fair gehandelte Textilien aus Biobaumwolle 102
2.3.7 Upcycling-Produkte 102
2.3.8 Reisebüro 102
2.3.9 Eventmanagement 103

2.3.10 Schüler/innenfotos und Jahrbücher 103
2.3.11 Rechtliche Fragen 103
2.3.12 Startkapital 104
2.3.13 Buchführung 105
2.3.14 Berechnung der realen Kosten 106
2.3.15 Einführung einer eigenen Währung 106

3. Geschichte 107
3.1 Projekte im Feld der Lokalgeschichte – eine große Chance, Altes zu entdecken 108
3.2 Ergebnisse sichern 109
3.3 Die Schulgeschichte als unterschätztes Forschungsfeld 109
3.3.1 Chancen 110
3.3.2 Methodische Zugänge 111
3.3.2.1 Biographische Studien 111
3.3.2.2 Alltagsleben 112
3.3.2.3 Selbstverständnis der Akteure 112
3.3.2.4 Personenverband Lehrerkollegium 113
3.3.2.5 Sozialstruktur 113
3.3.2.6 Klassenarbeiten und Korrekturen 113
3.3.2.7 Frage nach Narrativen 113
3.3.2.8 Festkultur 114
3.3.2.9 Schülerzeitungen und Schulzeitungen 114
3.3.2.10 Architekturgeschichte 115
3.4 Quellenlage und Probleme 115
3.5 Praxisbeispiele 117
3.6 Unterrichtsmaterial für die Schule erstellen 119
3.7 Umgang mit Zeitzeugen 120
3.8 Kreatives Schreiben und Geschichte 121
3.8.1 Recherche beim Projekt kreatives Schreiben 122
3.8.2 Ideenentwicklung für das kreative Schreiben 123
3.8.3 Verfassen der Geschichten 123
3.8.4 Die Bewertung 124
3.8.5 Präsentation der Ergebnisse 124
3.8.6 Rückmeldungen von Schüler/innen und Außenstehenden 125
3.8.7 Fallstricke 126
3.9 Quellen finden und Ansätze für weitere Forschungsprojekte 126
3.9.1 Archiv der Lokalzeitung 126
3.9.2 Stadt- und Kreisarchive 127
3.9.3 Landesarchive, Staats- und Hauptstaatsarchive 128
3.9.4 Bundesarchiv 128
3.9.5 Stasi-Unterlagen 129
3.9.6 Kirchliche Archive 129
3.9.7 Widerstandsakten 129
3.9.8 Schularchiv 130
3.10 Weitere Ideen für Geschichtsprojekte 130
3.10.1 NS-Geschichte vor Ort 130
3.10.2 Gedenkstätten 130
3.10.3 Denkmäler 131
3.10.4 (Todes-)Anzeigen 132
3.10.5 Bestattungskultur 132

3.10.6 Migration, Flucht, Vertreibung ... 133
3.10.7 Lokale Organisationen ... 134
3.10.8 Biographien lokaler Persönlichkeiten ... 134
3.10.9 Familiengeschichte ... 134
3.10.10 Überregionale Themen ... 135

IV. Projektideen jenseits der Fachgrenzen

1. Von wegen Wikipedia – Schüler/innen schreiben ein Lexikon über ihre Heimatstadt ... 139
1.1 Verantwortung für die Gruppe übernehmen ... 140
1.2 Planung und Umsetzung ... 140
1.3 Themenauswahl ... 141
1.4 Zusätzliche Aufgaben wie eine Schülerfirma ... 142
1.5 Arbeit am Text ... 143
1.6 Weiterwirken des Projekts ... 144
1.7 Lernchancen für die Schüler/innen ... 145
1.8 Probleme ... 147
1.9 Kleinere und schneller umsetzbare Alternativen ... 147

2. Zeitungsprojekte ... 148
2.1 Funktionen der Medien im demokratischen Staat ... 148
2.2 Print versus online ... 149
2.3 Zeitung und Deutsch als Zweitsprache ... 149

3. Schülerfernsehen und Filmprojekte ... 150
3.1 Erste Regel: Ausprobieren! ... 150
3.2 Kein Geld, was nun? ... 151
3.3 Kamera und Ton ... 152
3.4 Stativ ... 154
3.5 Dreharbeiten ... 154
3.6 Schnitt ... 157
3.7 Filme veröffentlichen ... 157
3.8 Tipps zum Umgang mit dem Equipment ... 158
3.9 Schülerfernsehen – ein lohnendes Projekt? ... 158
3.10 Dokumentarfilme ... 159

Literaturverzeichnis ... 160
Presseberichte ... 164
Internetressourcen ... 164

Vorwort

Auch wenn lebhaft über die Lernerfolge von Projektunterricht diskutiert wird, so gehört er inzwischen doch zum festen Bestandteil schulischer Praxis. Das gilt sicher nicht für den Unterricht jeder Lehrkraft, jedoch widmen sich immer mehr dieser Unterrichtsform. Darüber hinaus spielt er selbstverständlich auch im wachsenden Bereich der Ganztagsschule und bei den Arbeitsgemeinschaften eine zunehmende Rolle. Ob die derzeitige Projektarbeit an den Schulen allerdings erfolgreich ist, muss bislang offen bleiben. Dabei kann davon ausgegangen werden, dass die verfolgten Lernziele der Lehrkräfte sehr unterschiedlich sind.

Nicht erst seit der Hattie-Studie ist die Ansicht verbreitet, dass die Lehrkraft eine zentrale Rolle für den Lernprozess der Schüler/innen spielt (Hattie 2013). Dies sollte aber nicht zwangsläufig mit ihrer großen Präsenz im Unterricht gleichgesetzt werden. Die Stärke der Lehrkraft kann sich auch darin zeigen, dass sie für durchdachte Lernarrangements sorgt, die den Schüler/innen Lernchancen im Rahmen eigener Handlungen ermöglicht, beispielsweise in Projekten. Dies kann in Kompetenzen münden wie Teamfähigkeit, Kommunikationsfähigkeit, Selbstständigkeit oder strategisches Denken und Handeln. Und über allem schwebt die Reflexionsfähigkeit über den Gegenstand und die eigenen Handlungen.

An diesem Punkt setzt dieses Buch an. Es will Impulse geben für gelingende Projektarbeit und Forschendes Lernen in den Fächern Geschichte, Politik und Wirtschaft (bzw. Sozialkunde). Forschendes Lernen findet derzeit gerade in der akademischen Lehrerbildung, u.a. im Rahmen der Praxisphasen wie dem Praxissemester, einen großen Aufschwung. Aber auch im Unterricht der hier thematisierten Fächer spielt das Forschende Lernen zumindest eine gewisse Rolle – allerdings noch immer eine untergeordnete.

Forschendes Lernen findet oft in Projektkontexten statt, aber nicht jeder Projektunterricht verfolgt den Ansatz des Forschenden Lernens. Dieses Buch versucht an mehreren Stellen beides miteinander zu verbinden. Die Lehrkräfte sollen hierdurch konkrete Ideen für ihre Praxis erhalten. Dazu gibt es u.a. mehrere Hilfestellungen wie Checklisten, die die Lehrkräfte ihren Schüler/innen an die Hand geben können, die sie aber selbstverständlich nach eigenem Bedarf, bezüglich der eigenen Lerngruppe verändern können. Die Ideen für die Unterrichtsvorhaben resultieren ganz überwiegend aus langjähriger Praxiserfahrung in diesem Feld, bisweilen auch von Kolleginnen und Kollegen an anderen Schulen, mehrere der Projekte wurden mit Preisen ausgezeichnet. Zur Projektarbeit gehört aber auch, dass bisweilen Teile oder auch ganze Projekte nicht erfolgreich sind. Insofern sei auch ganz ehrlich gesagt: Viele der von mir realisierten Projekte funktionierten nicht, entscheidend war für mich und die Schüler/innen dann die Ursachenanalyse, denn daraus können alle – auch wir Lehrkräfte – nur lernen.

Mehrere Projekte konkretisieren sich im Nahraum, in der Schule oder der Kommune. Bezüge von der Mikro- zur Makroebene sind damit dennoch verbunden. Hintergrund dieser Orientierung am Nahraum ist, dass er der Lebenswelt der Schüler/innen entspricht und sich insofern motivatorisch positiv auswirken kann. Zudem gibt es hier für die Schüler/innen real etwas zu erforschen, sodass Schule an dieser Stelle nicht nur ein Ort der Wissensvermittlung ist, sondern auch zu einem Ort der Wissensgenerierung werden kann.

Das Buch gliedert sich in vier Hauptkapitel. Im ersten soll es um Grundsätzliches der Projektpraxis gehen. So wird einerseits der theoretische Rahmen von Projektarbeit und Forschendem Lernen dargelegt, andererseits wird u.a. auf die Motivation von Schüler/innen und die Rolle der Lehrkraft eingegangen. Im zweiten Kapitel geht es um Strategien und Fertigkeiten, die die Schüler/innen bei der Projektarbeit und dem Forschenden Lernen in den einzelnen Fächern erwerben können. So werden das Vorgehen bei der Entwicklung von Ideen, Recherchewege, Leitfragenentwicklung und Öffentlichkeitsarbeit für die Präsentation der Projekte thematisiert. Insbesondere wird auch der Fokus auf die Projektorganisation und damit unterschiedliche Formen des Projektmanagements gelegt. Im dritten Kapitel werden einzelne Ideen zu den jeweiligen Fächern vorgestellt, wobei die Projektarbeit selbstverständlich immer auch fächerübergreifend konzipiert sein kann. Oft empfiehlt sich sogar diese fächerübergreifende Zusammenarbeit, zumal manchen Fächern in einigen Bundesländern z. T. nur eine Stunde pro Woche zustehen, will man dort Projekte realisieren, lässt sich dies nur mit anderen Fächern gemeinsam.

Einige Projekte werden ausführlicher dargestellt, weitere Ideen werden in jedem letzten Unterkapitel zu dem jeweiligen Fach kurz beschrieben. Im letzten Kapitel werden dann noch Projektideen vorgestellt, die in allen drei Fachbereichen bzw. in der Vernetzung dieser Bereiche eingesetzt werden können.

Insgesamt werden hier über 125 Ideen für die Projektarbeit und das Forschende Lernen vorgestellt. Manche beziehen sich auf die Sekundarstufe II, die meisten sind aber mit jeweils unterschiedlichen Niveaus sowohl in der Sekundarstufe I als auch in der Sekundarstufe II realisierbar. Mehrere eignen sich auch für den Ganztagsbereich, beispielsweise in Arbeitsgemeinschaften.

Das Buch ist so konzipiert, dass es nicht am Stück gelesen werden muss, sondern auch kapitelweise gelesen werden kann. Daher wird manches in den

Kapiteln kurz wiederholt, es erfolgen zudem Querverweise, sodass man weiß, wo man tiefer einsteigen kann.

Bei der Projektarbeit stehen der Prozess sowie die Reflexion darüber im Zentrum. Er zielt auf eine Weiterentwicklung der Projekte und der Akteure. Insofern soll hiermit auch ein Aufruf verbunden sein, Rückmeldungen zu diesem Buch oder auch zu den einzelnen Projektideen zu geben. Davon kann ich nur lernen.

Am Schluss ist noch Hannah Kristen und Niklas Günther zu danken, die bei der Weiterentwicklung des Textes durch das Korrekturlesen sowie mit Kritik, Anmerkungen und Diskussionen sehr geholfen haben.

Sönke Zankel
Kiel, Februar 2018

I. Zur theoretischen Einordnung: Projektlernen und Forschendes Lernen

1. Projektlernen und Forschendes Lernen

Der Erfinder Michael Herrlich äußerte 2011 in der Frankfurter Allgemeinen Zeitung über unser Bildungssystem: „Schüler und Studenten müssen vorgegebene Aufgaben lösen, deren Ergebnis schon im Vorhinein feststeht. Das ist völlig lebensfremd.“ (FAZ 2011) In der Tat orientiert sich die Unterrichtspraxis zumeist am rezeptiven Lernen. Dabei versuchen die Schüler/innen in einer meist passiven Rolle die Lerninhalte aufzunehmen, irgendwie zu memorieren und in der Klassenarbeit und im Test abzurufen. Die Lehrkraft hat den Lernstoff zuvor aufgearbeitet – zumindest sollte sie das – und kennt schon vor dem Unterrichtsbeginn das von ihr gewünschte Ergebnis. Sie bekommt dadurch Sicherheit, da zumindest inhaltlich Überraschungen selten sind.

Projektarbeit und Forschendes Lernen verfolgen einen anderen Ansatz. Es geht gerade nicht um den Erwerb eines – angeblich – kanonisierten Wissens, während Abweichungen von diesem Wissen als Unkenntnis definiert werden. Folglich ist der Wissensvorsprung der Lehrkraft hinsichtlich des konkreten Inhalts in der Regel kaum noch vorhanden, sie hat vielmehr einen Methodenvorsprung. (Zankel 2012, 21)

Nicht nur für die Schüler/innen, sondern auch für die Lehrkräfte bietet der forschende Zugang eine Chance: Man kann mit den Schüler/innen im Bestfall Neuland betreten, in Geschichte z.B. die Vergangenheit entdecken und in der Gegenwart lebendig werden lassen. Man hat die Möglichkeit, aus dem schulischen Alltag herauszugehen und das nicht nur inhaltlich, sondern auch physisch. Die Schüler/innen müssen bei Experten oder Archiven anfragen, dort hinfahren, auf weiterführende Informationen hoffen, sie dann einsehen, auswerten usw. (Zankel 2009, 5 f.)

Dennoch sollten der Projektunterricht und Forschendes Lernen selbstverständlich nicht als das Allheilmittel der Unterrichtsgestaltung, als der alleinige Zugang zum Lernen verstanden werden. Sie stellen Möglichkeiten dar, andere, die z.B. auf Reproduktion ausgelegt sind, haben ebenso ihre Berechtigung. Die Wahl der Methode hängt bekanntermaßen von den angestrebten Kompetenzen ab.

1.1 Projektunterricht

Im Bereich der politischen Bildung blieb die Projektorientierung nach Monika Oberle lange Zeit relativ wenig beachtet (Oberle 2013, 104). Dabei bleibt beim Begriff des Projektunterrichts etwas Unspezifisches, allein die verschiedenen Begrifflichkeiten machen dies deutlich: Neben Projektunterricht findet man u.a. Begriffe wie Projektorientierung, Projektmethode, Projektmanagement, Projektplanung (Reinhardt 2007, 100). Viel zitiert sind die Arbeiten von Herbert Gudjons, der 1986 in seinem „Projektbuch“ Kennzeichen des Projektsunterrichts formuliert hat: Situationsbezug, Orientierung an den Interessen der Beteiligten, Selbstorganisation und Selbstverantwortung, gesellschaftliche Praxisrelevanz, zielgerichtete Projektplanung, Produktorientierung, Einbeziehen vieler Sinne, soziales Lernen im Projekt, Interdisziplinarität. (Gudjons 1986, 14ff.) Nun sind das normative Setzungen, die überzeugen mögen oder auch nicht. Bei mehreren Punkten kann man jedenfalls Rückfragen anmelden: Die gesellschaftliche Relevanz z.B. ist ein sicher sinnvoller Ansatz, der in diesem Buch auch immer wieder betont wird, zugleich bleibt aber die Gefahr der Überwältigung der Schüler/innen im Sinne eines bestimmten politischen Ziels, das die Lehrkraft mit dem inhaltlichen Zugang ggf. anstrebt. Zudem stellt sich die Frage, was genau als gesellschaftlich relevant gelten kann? Ist es nicht auch die rein auf Profit ausgerichtete Schülerfirma? Im neoliberalen Sinne hätte sie sicher eine ökonomische und damit auch gesellschaftliche Relevanz. Bei all der Unschärfe bleibt der Hinweis von Gudjons wichtig, wenn er die Gefahr sieht, dass Projektarbeit zur Bastelarbeit oder Freizeitbeschäftigung verkomme. (Gudjons 1986, 20) Das heißt, der Lehrkraft müssen vorher die *konkret* angestrebten Kompetenzen klar sein, und zwar auch diejenigen, die sich durch die Methode der Projektarbeit ergeben.

Ähnliche Anmerkungen gelten auch für das Einbeziehen möglichst vieler Sinne. Projektarbeit kann so organisiert sein, muss es aber sicher nicht. Auch stellt sich die Frage, ob jederzeit eine Orientierung an den Schüler/inneninteressen erfolgen muss, genau dies wird immer wieder ebenso bei der Projektarbeit wie auch beim Forschenden Lernen betont (Oberle 2013, 103). Hiermit sind mehrere Probleme verbunden: Dieses Ziel kann mit den curricularen Vorgaben kollidieren, zumal Projektarbeit in der Regel viel Zeit in Anspruch nimmt. Auch ist fraglich, ob alle Schüler/innen einer Lerngruppe, selbst wenn man sie in kleinere Einheiten aufteilt, immer ihren Interessen nachgehen können. Es ist zudem unwahrscheinlich, dass die Interessen aller Schüler/innen immer mit der gesellschaftlichen Relevanz kompatibel sind. Abgesehen davon geht die Literatur davon aus, dass alle Schüler/innen Interessen haben, die Praxis zeigt aber, dass dies eben nicht immer gilt. Bisweilen fällt gerade in den Klassen 8 und 9 auf, dass manche junge Menschen eher keine Interessen haben. Schule sollte sich gerade dem auch verstärkt widmen, sodass die Schüler/innen sich und ihre Interessen kennenlernen bzw. entdecken, das könnte einer Projektarbeit vorgeschaltet werden und könnte für ihr Leben eine große Bedeutung bekommen.

Einigkeit besteht darüber, dass bei der Projektarbeit der Lernprozess im Vordergrund steht und nicht das Auswendiglernen von als gesichert geltendem Wissen. (Goll 2013, 19, Detjen 2013, 386) Das heißt, die Schüler/innen haben die Möglichkeit zu lernen, wie man Prozesse organisiert, wie man Projekte plant, realisiert und evaluiert. Dies ist sicher ein zentraler Punkt beim Projektlernen.

Die in der allgemeinpädagogischen oder z.B. auch in der politikdidaktischen Literatur angelegten Kriterien für die Projektarbeit (zusammengefasst bei Oberle 2013, 103, siehe zudem auch: Detjen 2013, 387) werden dann doch nicht streng ausgelegt, sondern eigentlich wird sehr vieles unter dem Begriff „Projekt" subsumiert, was vor allem die Prozessorientierung und die Handlungsorientierung betont.[1]

In diesem Buch wird ein Verständnis vom Projektlernen angelegt, das sich an den in der Literatur vorhandenen Kriterien orientiert (Oberle 2013, 103), diese aber differenziert und sich zugleich in der Umsetzung stark an Formen des Projektmanagements orientiert. Letzteres resultiert daraus, dass viele didaktische Publikationen bezüglich der konkreten Umsetzung bemerkenswert vage bleiben. Hier werden daher unterschiedliche Zugänge zur Projektrealisierung in der schulischen Praxis dargelegt (siehe Kap. II.), die bei den allermeisten Projekten anwendbar sind.

Manche Kriterien der Projektarbeit werden hier als solche definiert, die unabdingbar zur Projektarbeit gehören, manche als fakultativ. Schulische Projektarbeit ist hiernach definiert durch:

- Problemlösungsorientierung: Bei der Projektarbeit steht mindestens ein Problem, eine Aufgabe oder beim Forschenden Lernen eine Leitfrage bzw. Hypothese im Zentrum. Es gilt, Lösungswege zu finden, diese zu gehen und auszutesten, das heißt, äußerst bedeutend sind dabei zugleich:
- Prozessorientierung: Im Zentrum steht der Lernprozess und das Lernen im Prozess und nicht ausschließlich ein angestrebtes Ergebnis.
- flache Hierarchien hinsichtlich der Rolle von Schüler/innen und Lehrkraft: Die Schüler/innen sollen möglichst eigenständig die Prozesse planen und organisieren, die Lehrkraft zieht sich in die Rolle des Beraters zurück. Das

1 So finden sich in dem von Ingo Juchler herausgegebenen Buch „Projekte in der politischen Bildung" zwar entsprechende Kriterien, die, nach Monika Oberle, „nicht alle auf jedes Projekt zutreffen müssen" (Oberle 2013, 103), was nach Konzeption des Buches aber eben dazu führt, dass der Projektbegriff äußerst unspezifisch wird, beispielsweise wird hierunter auch die Planspielmethode, die Juniorwahl oder gar der Besuch eines außerschulischen Lernorts gefasst. (Juchler 2013)

heißt, sie sollte gerade nicht die Projektleitung übernehmen. Dies mag nur in Ausnahmefällen geeignet sein, wenn es die Lerngruppe erfordert. Hier könnte man aber mindestens Schüler/innen-Assistenten an die Seite nehmen, die mit in die Leitung und damit auch in die Gesamtverantwortung hineingenommen werden.

- Selbstständigkeit und Eigenverantwortung: Dies ist nur zu erreichen, wenn eben möglichst viel Eigenständigkeit und entsprechende Freiräume ermöglicht werden, im Zweifel sollte man als Lehrkraft also mehr Verantwortung abgeben. Zugleich muss aber vorab den Schüler/innen gezeigt werden, wie sie vorgehen können, wie Projekte geplant und umgesetzt werden. Insofern geht es darum, dass sie vorher entsprechenden Input erhalten, den sie dann anwenden, das macht den Lernerfolg deutlich wahrscheinlicher (u. a. Goll 2013, 21).
- Produktorientierung (präsentieren): Beim Projektlernen arbeitet man auf ein Ergebnis, auf ein Produkt hin. Das kann im Rahmen der Klasse oder auch in der Schule, der Kommune oder quasi sogar global im Internet veröffentlicht werden. Welcher Rahmen angemessen ist, hängt sicher auch von der Qualität der Ergebnisse ab.
- Handlungsorientierung (Detjen 2013, 335)

Folgende Kriterien können bei der Projektarbeit berücksichtigt werden, müssen es aber nicht, um dennoch als Projekt zu gelten. Auf sie wird immer wieder in den in diesem Buch skizzierten Beispielen Bezug genommen:

- Orientierung an den Interessen der Schüler/innen: Die damit einhergehende Problematik wurde oben bereits beschrieben. Aus motivatorischen Gründen ergibt es aber durchaus Sinn, diesen Faktor zu berücksichtigen, denn tendenziell sind Lernende eher motiviert, aktiv zu werden, wenn sie das Thema interessiert, es für sie persönlich relevant ist (Deci und Ryan 1993). Manchmal ist ein Projekt auch in sich so vielschichtig, dass es immer wieder Freiräume gibt, die Interessen Einzelner zu berücksichtigen (beispielhaft siehe Kap. IV. 1.), aber nicht immer muss dieser Faktor vorhanden sein. Manchmal hat eine Lehrkraft eine Idee, die zahlreiche Lernerfolge verspricht, dann kann so ein Thema auch gesetzt werden. Letztlich entspricht das zumeist der Realität, einerseits in der Schule, wo nur selten die Schüler/innen die Unterrichtsthemen wählen, andererseits auch im Arbeitsleben. Selbst im Forschungsbereich an der Universität bewerben sich Absolventen oft auf ausgeschriebene Stellen in vorher skizzierten Projekten und kommen weniger mit eigenen Projektideen, die sie dann tatsächlich auch realisieren.

- Lebensweltorientierung: Hier gilt Gleiches wie bei der Orientierung an den Schüler/inneninteressen. Beispielsweise wird die NS-Geschichte Schüler/innen eher interessieren, wenn es Beispiele von vor Ort sind, es ist ihre Lebenswelt, dies könnte die Schule ebenso sein wie der Heimatort. Neben der Motivationsfrage kann eines der Lernziele sein, dass die Schüler/innen z.B. ihre Schule oder auch ihre Heimatstadt (besser) kennenlernen. Manchmal kann es aber auch weiterführend sein, wenn man Themen öffnet, die keinen Lebensweltbezug haben. Es geht also nicht um ein dogmatisches Verständnis von der Herstellung des Lebensweltbezugs.
- Gesellschaftliche Relevanz: Neben der bereits skizzierten Unbestimmtheit des Begriffes lässt sich anführen, dass sie nicht in jedem Projekt gegeben sein muss. Zugleich ist es aber wünschenswert, letztlich kann dadurch auch die Arbeit der Schüler/innen an Bedeutung gewinnen, indem sie die Ergebnisse ihrer Projektarbeit beispielsweise in die Schule oder Kommune hineintragen und damit zugleich versuchen, diese mitzugestalten.
- Interdisziplinarität: kann das Denken jenseits der Fachgrenzen fördern, was durchaus positiv ist. Und selbstverständlich können Projekte so organisiert sein, aber sie müssen es nicht. Warum auch? Im akademischen Bereich laufen viele Projekte gerade nicht interdisziplinär.

1.2 Die Frage nach der Fachlichkeit

Projektarbeit in der Schule ist einerseits eine Unterrichtsmethode, andererseits auch eine Arbeitsmethode für das Berufsleben und für den Alltag eines jeden Erwachsenen. Durch sie lernt man die Planung, Durchführung und Reflexion eines Vorhabens. Zu den nicht-fachgebundenen Kompetenzen zählen insofern: Teamfähigkeit, Kommunikationsfähigkeit und Selbstständigkeit, Initiative ergreifen und Prozesse vorantreiben, zielstrebiges Arbeiten und Gruppen motivieren und führen können sowie vor allem strategisches Denken und Handeln und damit auch: Problemlösungsfähigkeit.

Diese methodische Seite der Projekt-Medaille ist überfachlich, sodass Projektarbeit eben auch in jedem Fach angewendet werden kann. Die andere Seite ist die der Fachlichkeit. Daher sollte die Fachlichkeit im Fachunterricht jeweils hergestellt werden. Kurz sei dies anhand der hier relevanten Fächer erläutert, zugleich werden damit auch Lernchancen skizziert:

Geschichte: Wenn sich ein Projekt mit der NS-Vergangenheit der eigenen Schule beschäftigt, dann ist hier die kritische Auseinandersetzung mit der vorliegenden Literatur und deren Narrativen (De-Konstruktionskompetenz), falls sie denn vorhanden sein sollten, wichtig. Zugleich sind auch das Auffinden von

Quellen (Heuristik) sowie deren reflektierte Analyse relevant, um dann letztlich eine eigene Narration zu entwickeln (Re-Konstruktionskompetenz). (Körber, Schreiber und Schöner 2007).[2]

Politik: Wenn ein Projekt z.B. auf die Realisierung eines Schulgartens abzielt, dann können hier einerseits demokratische Umgangsformen in dem Projekt erlernt werden (Reinhardt 2007, 105), andererseits können leicht inhaltliche Bezüge zur politischen Bildung hergestellt werden, indem es in den Kontext von „Bildung für nachhaltige Entwicklung" (BNE) eingeordnet wird. Hiermit wäre zugleich auch die ökonomische Seite von BNE berührt. Zudem kann viel über Demokratie als Herrschaftsform gelernt werden: Wer hat in dieser Frage welche Entscheidungskompetenzen an der Schule, ggf. formaljuristisch und auch realpolitisch? Welche Widerstände könnten von welchen Interessensgruppen auftreten (beispielsweise eine Fachschaft, die den Platz anders nutzen möchte)? Welche Strategie verfolgt man, um die eigenen Ziele durchzusetzen, also die Entscheidungsinstanzen zu überzeugen? Ist es hilfreich, die Medien einzubinden? Hier können in Reflexionsphasen beispielsweise auch die Mikro- mit der Makro-Ebene verglichen werden.

Wirtschaft: Wenn eine Schülerfirma realisiert wird, können Schüler/innen etwas über Preisbildung, betriebswirtschaftliche Kalkulation oder Werbemaßnahmen lernen. Zugleich können hier auch gesellschaftliche oder politische Fragen einbezogen werden, indem z.B. der Frage nach fairen Arbeitsbedingungen oder Nachhaltigkeit in der (eigenen) Produktion nachgegangen wird.

Man kann Projektlernen so konzipieren, dass die fachliche Seite keine Rolle spielt. Damit ginge es vor allem um das Lernen von Organisationsprozessen, was zweifellos auch einen Wert für sich hat. Das wäre dann jedoch eher ein Konzept für Lernkontexte wie beispielsweise Wahlpflichtkurse, ein Seminarfach usw.

1.3 Forschendes Lernen

Eine Form, Projektarbeit zu gestalten, ist das Forschende Lernen. Forschendes Lernen ist – wie Projektlernen – alles andere als etwas Neues. Bedeutend für den deutschsprachigen Raum ist sicher die 1970 von der Bundesassistentenkonferenz herausgegebene Schrift „Forschendes Lernen – Wissenschaftliches Prüfen" (Bundesassistentenkonferenz 1970). Forschendes Lernen wird einerseits als hochschuldidaktischer Ansatz propagiert, andererseits auch als Unter-

---

2 Hinsichtlich der geschichtsdidaktisch-theoretischen Einordnung sei auch verwiesen auf: Gautschi 2009 und Kühberger 2009.

richtsprinzip. Das Verständnis vom Forschenden Lernen ist dabei alles andere als einheitlich. Man kann beispielsweise unterscheiden, ob Studierende oder Schüler/innen erfahren, wie Forschung funktioniert, oder aber sie führen selbst „Forschungsprojekte" durch bzw. simulieren den Forschungsablauf (Mieg 2017, 21 f.). In diesem Buch wird die Definition von Ludwig Huber zum Forschenden Lernen – leicht modifiziert[3] – zugrundegelegt, die in der Literatur immer wieder herangezogen wird:

„Forschendes Lernen zeichnet sich vor anderen Lernformen dadurch aus, dass die Lernenden den Prozess eines Forschungsvorhabens [...] in seinen wesentlichen Phasen – von der Entwicklung der Fragen und Hypothesen über die Wahl und Ausführung der Methoden bis zur Prüfung und Darstellung der Ergebnisse in selbständiger Arbeit oder in aktiver Mitarbeit in einem übergreifenden Projekt – (mit)gestalten, erfahren und reflektieren." (Huber 2009, 11)

Das bedeutet, es geht um die Tätigkeit in einem Forschungsprozess bzw. einen Prozess der strukturanalog zur Forschung ist. Hierbei ist die Selbstständigkeit, das eigenständige Forschen bedeutend, Lernen und Forschen gehören insofern zusammen (Huber 2009, 25). Wie bei der Projektarbeit finden wir auch hier die Prozessorientierung, man lernt im Prozess und durch den Prozess. Und das ist alles andere als einfach. Allein Forschungsfragen zu formulieren, die untersuchbar sind, fällt Oberstufenschüler/innen und nicht selten auch Masterstudierenden alles andere als einfach. Das verwundert bei den Schüler/innen wenig, wenn sie es vorher kaum gelernt haben. Oft neigen sie dazu, die Themen zu groß zu wählen, beispielsweise „Zweiter Weltkrieg", „das Wirtschaftssystem der Bundesrepublik" usw. Das heißt, es ist wichtig, Fragen zu formulieren, die eng fokussiert und damit für sie untersuchbar sind.

Im zweiten Schritt müssen die Schüler/innen methodisch planen, wie sie zu einer Antwort auf die Frage kommen können. In Geschichte u.a.: Wo finden sie Quellen (nicht nur Darstellungen) und wie können sie diese deuten? In Politik u.a.: Wie müssen sie wen befragen, um eine Antwort auf ihre Leitfrage generieren zu können?

Zur Methodik gehört auch die Reflexion der Methode: Welche Chancen bietet sie, wo hat sie Schwachstellen? Damit ist zugleich auch die Ergebnisprä-

---

3 Huber betont in der folgenden Definition noch, dass das Forschende Lernen „auf die Gewinnung von auch für Dritte interessante Erkenntnisse gerichtet" sein solle. Nun ist einerseits unklar, was genau hierunter zu verstehen ist, andererseits ist dies in schulischen Kontexten eher selten zu erreichen. Gleichwohl werden in diesem Buch Projekte vorgestellt, die dieses Potential haben.

sentation verbunden, die diese Punkte einschließen sollte. Wie dies geschieht, kann jeweils entschieden werden: Es können Hausarbeiten, Präsentationen, Forschungsposter oder auch Filme sein.

In der Literatur wird auf verschiedene Vorteile des Forschenden Lernens verwiesen, sie können auf unterschiedlichen Ebenen gerade im Vergleich zu rezeptiven Lernformen liegen. Vorteile werden beispielsweise hinsichtlich der intrinsischen Motivation, der Selbstständigkeit, Behaltens- und Transferleistungen gesehen (Lange 2012, 26).

Hier soll nun eine kurze fachdidaktische Einordnung erfolgen, warum das Forschende Lernen ein Element im schulischen Lernen sein sollte.

In der Geschichtsdidaktik ist man sich einig, dass die Quellenarbeit eine wichtige Rolle im Unterricht spielen sollte und zur Quellenarbeit gehören das Finden von Quellen, die Quellenkritik sowie die Quelleninterpretation (Schreiber 2007, 195). Und neben der Quellenauswahl ist die Deutung der Quellen oft schon ein wesentlicher Teil der Methodik im wissenschaftspropädeutischen Arbeiten im Fach Geschichte. Was kann ich aus der Quelle über die Vergangenheit erfahren, was nicht? Inwiefern ist die Quelle perspektivisch usw.?

All dies ist beim Forschenden Lernen ebenso gefordert und kann dort gelernt werden, beispielsweise wenn es um die Arbeit mit Zeitzeugen geht und die Schüler/innen durch sie etwas herausfinden wollen. Das heißt aber auch wie in den anderen Fächern: Die Schüler/innen müssen instruiert werden, wie sie mit den Quellen arbeiten. Zeitzeugen zu befragen, ohne auf die methodischen Probleme der Oral history einzugehen, mag Schüler/innen etwas Atmosphärisches vermitteln, aber Reflexion und Urteilsfähigkeit wird so kaum gefördert. Am Ende bleibt in diesem Fall wohl eher die scheinbare „Erkenntnis“: Der Zeitzeuge hat uns erzählt, wie es „wirklich“ war.

Durch die Quellenkritik und das Hinterfragen der Geschichtsdarstellungen erfolgt u.a. die Prüfung der empirischen Triftigkeit, der Validität der Aussagen bei Quellen und Darstellungen. Dabei ist nach dem FUER-Modell die De-Konstruktionskompetenz ein wichtiger Bestandteil des historischen Lernens, es geht dabei darum, historische Narrationen in ihrer (Tiefen-)Struktur zu erfassen (Schreiber, Körber, von Borries et. al. 2007, 27), dies kann beispielsweise durch eine Textanalyse geschehen. Bei der Re-Konstruktionskompetenz geht es letztlich darum, eine eigene Narration zu einem Thema zu entwickeln. (Schreiber 2007, 195).

Konkret am genannten Beispiel: Vorhandene Narrationen bezüglich der NS-Geschichte der eigenen Schule könnten erfasst und hinterfragt werden: Auf welchen Quellen basiert die Darstellung, hält sie der kritischen Prüfung stand?

Und dann kann eine eigene Narration, eine eigene Darstellung zum Thema entwickelt werden. Man erkennt hier schon den Vorteil davon, solche Arbeiten im Bereich des Forschenden Lernens im Nahraum, z.B. der Heimatstadt, anzusiedeln. Es gibt meist keine zu umfangreiche Forschungsbasis, oft liegen begrenzt Quellen vor und letztlich gibt es viel Neues zu entdecken. Bei all dem geht es um das kritische, reflektierte Denken, das in der Urteilsfähigkeit mündet.

Dies gilt ebenso für die Fächer Wirtschaft und Politik. Dabei sollen die Schüler/innen zu einem eigenen Urteil gelangen. Das heißt, beim Urteilen erklären sie einen Sachverhalt und begründen abwägend die eigene Position (Kayser und Hagemann 2012, 12). Das impliziert – genau so für den Bereich Geschichte – das Prinzip der Multiperspektivität, also z.B. die Beleuchtung eines Sachverhalts aus mindestens zwei Perspektiven.

Die hier dargelegten Projekte sind zumeist im Nahraum angesiedelt, also beispielsweise bezieht sich das Handeln oder Erforschen auf die Schule oder die Kommune. Hier haben die Schüler/innen die Möglichkeit, über Politik und Demokratie zu lernen. Es geht also nicht darum, im Sinne einer Institutionenkunde über Politik auf der Makroebene etwas auswendigzulernen, sondern ein didaktisches Ziel kann es z.B. sein, die im Projektprozess gemachten Erfahrungen auf der Mikroebene mit dem politischen System zu verbinden, beide zu vergleichen. Handeln steht hier konzeptionell also nie isoliert da, sondern immer in Verbindung mit Reflexionsprozessen, damit möglichst zu allen „Dimensionen der Politikkompetenz“ (Fachwissen, politische Urteilsfähigkeit, politische Handlungsfähigkeit und politische Einstellung sowie Motivation; Detjen, Massing, Richter und Weißeno 2012) ein Beitrag geleistet werden kann. Wenn die Schüler/innen nicht in eine neutrale Rolle wie beim Forschenden Lernen schlüpfen, sondern ggf. auch im politischen Feld „aktiv“ werden, dann muss dieser Ansatz – in diesem Buch finden sich dazu nur wenige Beispiele – mit großer Vorsicht angewendet und vor allem den Schüler/innen auch immer Handlungsalternativen bereitgestellt werden. Wertevorstellungen dürfen nicht aufoktroyiert werden, zudem besteht im freiheitlichen Staat beispielsweise auch das Recht, sich nicht aktiv an der Politik zu beteiligen.[4]

Unterscheidet man Demokratie als Lebens-, Gesellschafts- und Herrschaftsform, dann geht es bei der Lebensform darum, dass Schüler/innen bei-

---

4 Erfahrungslernen über eigene aktive Mitwirkung spielt vor allem in der Demokratiepädagogik eine Rolle, das aber nicht unumstritten ist. Politikdidaktiker wie Detjen, Massing, Richter und Weißeno kritisieren diese Ansätze. (Detjen, Massing, Richter und Weißeno 2012, 101).

spielsweise im Klassenverband Abstimmungen abhalten, an die sich dann alle binden. Es sollte im Politikunterricht aber nicht nur um das Lernen eines „guten“ Miteinanders gehen, sondern es – wie bereits angedeutet – muss das didaktische Ziel sein, die Verbindungen zum gesellschaftlichen System herzustellen. Dies kann insofern erfolgen, dass Fragestellungen beispielsweise zum Vergleich der Realisierung eines Projekts wie ein Schulfest mit der Entscheidungsfindung beim Gesetzgebungsverfahren auf Bundesebene nachgegangen wird: Welche Gremien sind beteiligt, wie werden Mehrheiten organisiert usw.? Wo liegen Gemeinsamkeiten von Mikro- und Makroebene, wo Unterschiede? So kann „politikvernetzte Projektarbeit“ (Aeppli und Reinhardt 2015, 15) entstehen.

Für Wirtschaft und Politik gilt ebenso wie für Geschichte die Problemorientierung, Forschendes Lernen ist eine Form der Problemorientierung (Lange 2012, 24), denn es geht darum, Lösungswege zu finden. Dies ist auch alltagsrelevant, hier lernen Schüler/innen für das tägliche Leben insofern, dass sie auch dort immer wieder Lösungen für Probleme finden müssen.

Letztlich ist das Ziel des Forschenden Lernens das Herausbilden von mündigen Bürger/innen, die ein demokratischer Staat braucht, was jeder und jede aber nicht von Geburt an hat (Lange 2012, 24). Dies kann über das Forschende Lernen gelernt werden, indem man immer wieder seinen Erkenntnisweg kritisch reflektiert, hinterfragt. Damit ist vor allem ein Aspekt genannt, der beim Forschenden Lernen bisher noch nicht herausgearbeitet wurde: Das Hinterfragen von Quellen, erhobenen Daten oder auch von Darstellungen ist eine tägliche Aufgabe eines jeden. Dies hat sich durch das Internet noch deutlich verschärft. Ständig sind alle von einer nicht zu überblickenden Anzahl an Informationen umgeben, die es zu bewerten gilt. Die Diskussionen um „Fake News“, „alternative Fakten“ usw. zeigen nur zum Teil die große Relevanz in der Gegenwart. Durch das Internet ist fast jeder nicht mehr nur Empfänger von Nachrichten, sondern sendet täglich – z.B. über die sozialen Netzwerke – Informationen an andere. So stehen zum Teil Texte von Siebtklässlern neben denen von Experten, möglicherweise im Ranking bei Google direkt nebeneinander. Gelingt es der Schule und damit eigentlich allen Fächern nicht, dass die Schüler/innen ein kritisches Bewusstsein für die Informationsbewertung – ein Teil der Informationskompetenz (Sühl-Strohmenger 2016. 2), ein in fachdidaktischen Kontexten oft kaum bekannter Begriff – entwickeln, wird ein wesentlicher Teil der politischen Bildung nicht gelingen. Forschendes Lernen bietet hierzu einen überzeugenden Weg, diese Kompetenzen auszuprägen. Das wird nicht mit einer einzelnen Unterrichtseinheit passieren, aber indem hier ein deutlicher Fokus im schulischen Lernen liegt.

2. Rolle der Lehrkraft

Selbstständigkeit sollten die Schüler/innen bei ihm lernen, sagte einmal eine Lehrkraft an einem Elternabend, deswegen gebe er ihnen auch viel Freiraum. Die Kinder berichteten zu Hause etwas anderes: Sie bekämen zahlreiche Aufgaben im Lehrbuch durchzuarbeiten, hätten dafür einige Wochen Zeit. Währenddessen sitze der Lehrer am Pult und spiele mit seinem Mobiltelefon. Schnell wird man sich einig sein, dass dies kein sinnvolles Lernsetting sein kann, bei dem die Schüler/innen viel lernen. So macht sich die Lehrkraft tatsächlich überflüssig.

2.1 Fehler zulassen

Schüler/innen Freiraum zu geben, heißt nicht, sie alleine zu lassen, sie alles selber machen zu lassen. Die Lehrkraft hat einen Kenntnis- und Erfahrungsvorsprung, der für den Lernprozess sehr wertvoll sein kann und sollte. Dies ist aber nicht im Sinne einer umfassenden Vorgabe z.B. des Ablaufes zu verstehen, Kinder und Jugendliche sollen eigene Erfahrungen machen können, denn erst durch die Erfahrungen, durch eigene Fehler werden sie lernen. Fehler zu machen gehört zur Projektarbeit und zum Forschenden Lernen dazu. Schule bzw. die Lehrkräfte sollten eine Fehlerkultur ermöglichen, die zeigt, dass es normal ist, dass man Fehler macht, denn jeder macht Fehler, jeden Tag. Also nicht nur sanktionieren und das Problem bei Fehlern betonen, sondern zeigen, dass sie zum Lernprozess dazugehören. Würden Schüler/innen keine Fehler machen und schon alles können, sagte einmal ein Kollege, dann müssten sie nicht in die Schule gehen, denn was sollten sie da noch lernen?

Ohne eine Fehlerkultur, die Fehler als etwas Normales darstellt, lernen Schüler/innen nur eines: Fehler, die sie machen, bestmöglich zu verschleiern. Sie schauen sich Strategien ab, bei Mitschüler/innen, bei Eltern und bei Lehrkräften. Für die Lehrenden muss das eben auch bedeuten, mit gutem Beispiel voranzugehen, es zugeben zu können, wenn man etwas falsch gemacht hat. Selbstverständlich, die Mitteilungen an die Schüler/innen sollten nicht nur aus Fehlereingeständnissen bestehen, aber das versteht sich von selbst. Manche Betriebe pflegen auch eine solch offene Fehlerkultur, so ein Hotel in der Nähe von Nürnberg: Hier werden Fehler nicht vertuscht, sondern sogar die Fehler des Monats gekürt. Wer von den Etablierten etwas falsch macht, „einen Bock schießt", der landet am schwarzen Brett. Dabei geht es nicht um Denunziation, sondern um das Spielerische: „Wenn jemand etwas Neues ausprobiert hat, das gefloppt ist, prämieren wir das, weil er etwas gewagt hat", sagt der Gründer des Hotels. Er selbst wurde schon des Öfteren ausgezeichnet und kokettiert damit sogar bei seinen Vorträgen (Kals, 2017). Man möge sich das einmal in der Schule vorstellen.

2.2 Unsicherheit gehört dazu, nicht alles ist planbar

Projektarbeit und Forschendes Lernen bedeutet Offenheit in den Lernprozessen, das schließt ein, Kontrolle abzugeben, nicht alles ist vorher planbar und die Lehrkraft ist nicht der Dirigent. Vielmehr sind die Ergebnisse des Lernprozesses offen und die Lehrkraft benötigt kognitive Flexibilität und vor allem auch echte Neugierde und Offenheit gegenüber neuen Ideen. Unsicherheit ist dabei durchaus nachvollziehbar, aber sie sollte überwunden werden, erst dann sind echte Projektarbeiten und auch Arbeiten im Bereich des Forschenden Lernens möglich. Wenn also etwas schiefgeht, ist das kein Problem, sondern ein Teil des Prozesses, der dann reflektiert werden muss. Die Schüler/innen sollten nach den Ursachen forschen und nicht das Misslingen beispielsweise einer Schülerfirma so deuten, als könnten (Schüler-)Firmen nicht realisiert werden. Bei dieser Einordnung ist die Lehrkraft gefragt, ggf. auch um Frustrationserlebnisse aufzufangen. Auch aus Projekten, die nicht funktioniert haben, kann man viel lernen. Die Lehrkraft sollte also keine Scheu vor den Fehlern oder vor einem scheinbaren Misserfolg haben.

2.3 Schüler/innen viel machen, aber nicht alleine lassen

Schüler/innen sollten möglichst eigenständig arbeiten. Aber nicht wie im oben genannten Beispiel. Die Lehrkraft sollte ihnen Rüstzeug mit an die Hand geben, das sie dann anwenden und ausprobieren können. Die Lehrkraft sollte ihnen bei der Projektarbeit also z.B. zeigen, wie Projekte geplant und durchgeführt werden (siehe Kapitel II.3). Beim Forschenden Lernen sollte man anhand gelungener Beispiele besprechen, wie ein Forschungsprozess aussieht: Wie sind gelungene Leitfragen oder Hypothesen formuliert? Welche methodischen Zugänge sind für welche Leitfragen zielführend? Wie werden Ergebnisse einer Arbeit präsentiert? Denn es kann von niemandem erwartet werden, dass er eine Hausarbeit schreiben oder ein Forschungsposter gestalten kann, wenn er vorher noch nie eines gesehen und man es ihm nicht erläutert hat.

Auch in dem Arbeitsprozess nimmt die Lehrkraft die Rolle des Beraters ein: Sie gibt keine Leitfragen vor und übernimmt nicht die Recherche, sondern lässt die Schüler/innen Vorschläge erarbeiten, die dann diskutiert werden. Das heißt, die Lehrkraft ist in den Präsenzzeiten sehr gefordert, sie wandert meist von Gruppe zu Gruppe und beantwortet Fragen, sie muss sich in verschiedene Themen und Projekte immer wieder neu und schnell eindenken, um angemessen beraten zu können. Sie ist also der (Lern-) Berater.

Oft tritt die Frage auf, was zu tun sei, wenn Schüler/innen einen Vorschlag für eine Untersuchung haben, man aber große Zweifel hat, dass sie realisierbar ist. Hier sollte man flexibel reagieren: Nur im Notfall ist das Veto einzulegen (z. B. wenn unwägbare Risiken entstehen), besser ist das gemeinsame Entwickeln mit den Schüler/innen an Argumenten, die für und die gegen ein entsprechend gestaltetes Projekt sprechen. Entscheiden sollten die Schüler/innen in fast allen Fällen selbst und damit auch die Verantwortung dafür übernehmen, falls es ggf. nicht klappt.

Um Schüler/innen auch zu Reflexionsprozessen über Projekte zu bewegen, können im Prozess zu vorher festgelegten Zeitpunkten Kurzvorstellungen der Projekte erfolgen. Das heißt, Projektergebnisse (beispielsweise die Forschungsfrage und die Methodik) werden kurz präsentiert und dann zuerst von den nicht beteiligten Mitschüler/innen reflektiert, z.B.: Wo liegen Stärken? Was spricht gegen das angestrebte Vorgehen?

2.4 Verantwortung delegieren

Manchmal läuft das Forschende Lernen in Einzelarbeit, manchmal in Zweier-Teams und bisweilen auch in Gruppen. Projektarbeit wird hingegen fast immer im Team erledigt. Sinnvoll ist es, wenn in solchen Teamprozessen Aufgaben aufgeteilt werden. So kann eine Person als Sprecher/in, Leiter/in, Koordinator/in, Verantwortliche/r – die Begrifflichkeit kann jeweils gewählt werden – von den Gruppenmitgliedern bestimmt werden. Es ist auch hier eine Abwägungsfrage, wann die Lehrkraft interveniert, weil z.B. ein Schüler für die Aufgabe vollkommen ungeeignet erscheint und nur deswegen gewählt wurde, damit die anderen nichts zu tun haben. Wie bei Klassensprecherwahlen kann daher vorher geklärt werden, welche Kompetenzen ein/e Koordinator/in zeigen (nicht unbedingt vorher haben) muss. Hier gilt wie immer: Nicht von vornherein z.B. stillere Schüler/innen auszuschließen, manchmal zeigen sie in der verantwortungsvollen Position Kompetenzen, die vorher nie zu sehen waren.

Der oder die Koordinator/in kann z.B. die Aufgabe haben, die Teilprozesse zu überblicken, Schwierigkeiten zu erkennen, hier gegenzusteuern, zu motivieren. In der Praxis beklagen sich des Öfteren solche Koordinatoren, dass die anderen im Team zu wenig aktiv sind. Die Lehrkraft sollte dann nicht sofort die entsprechenden, kaum oder nicht aktiven Schüler/innen ermahnen, um so das Problem zu lösen. Vielmehr ist es sinnvoll, mit den Koordinatoren zu beraten, welche Wege er oder sie gehen könnte, um das Problem eigenständig zu lösen. Letztlich sollte immer daran gedacht werden: Ähnliche Probleme wie das Dargestellte finden sich alltäglich in vielen Betrieben und auch ein Lehrerkollegium ist davon sicher nicht verschont.

Zusammengefasst: Gut ist es, den Schüler/innen Freiraum zu geben, sie sich ausprobieren zu lassen, wenig zu intervenieren. Zugleich sollte die Lehrkraft aber vorab Hilfestellungen bekommen, *wie* man die Aufgaben lösen kann. Man sollte die Schüler/innen nicht alleine lassen, es sei denn diese Phase ist im Gesamtprojekt sinnvoll. Manchmal reicht den Schüler/innen schon das Gefühl aus, dass sie sich im Fall des Falles an die Lehrkraft wenden können. Es bleibt also ein Abwägungsprozess, wie weit Freiraum gewährt wird, das hängt auch von der Lerngruppe ab. Den Schüler/innen viel zuzutrauen ist dabei sicher nicht falsch.

2.5 Kritik und Probleme

Wenn man methodische Lernwege beschreibt, Beispiele gibt und dabei keine Probleme benennt, verschweigt man etwas. Alle Methodiken haben Schwachstellen, bringen Probleme mit sich. Insofern sind Unterrichtsmethoden wie die Projektmethode oder das Forschende Lernen *ein* Weg, um Ziele zu erreichen, es gibt aber auch immer andere. Welche Methode man wählt, hängt eben auch von den angestrebten Zielen ab. Projektunterricht und Forschendes Lernen ermöglichen viele Lernchancen, sie wurden bereits skizziert. Nun sei die Gegenseite dargestellt:

2.5.1 Faktor Zeit

Wirkliche Projekte, die ihren Namen verdienen, und auch Verfahren des Forschenden Lernens benötigen Zeit. Der oft übliche Rahmen der 45–minütigen Stundentaktung widerspricht der Struktur auch zum Teil. Darüber hinaus sind die Lernprozesse langwieriger, was kaum verwundert, zielen sie auf viel grundlegendere Ziele ab, auf Kompetenzen, die viel mit einer Art zu denken, mit einer (forschenden, reflektierten) Haltung, mit strategischem Denken und Handeln oder auch mit der Konzeption von Texten zu tun haben. All das sind keine kleinen Ziele, keine Lektion Vokabeln, die man auswendig lernen kann, um sie dann zu behalten oder zu vergessen. Man muss also Zeit investieren. Manchen wird das zu viel Zeit sein, beispielsweise auf Grund curricularer Vorgaben. Und auch Argumente wie die möglicherweise anstehenden Prüfungen mögen das bestätigen. Argumentativ kann dem entgegengestellt werden, dass beispielsweise die Abiturprüfung in den hier skizzierten Fächern oft auch nicht zentral geprüft wird, zudem zielt nicht jeder Kurs auf eine schriftliche Abiturprüfung hin ab. Ist man selbst Prüfer/in, besteht zudem ein größerer Spielraum in der Gestaltung der Prüfungsaufgaben.

Wie man es auch wendet, es bleibt ein hoher Zeitaufwand und es muss abgewogen werden, ob er in einem richtigen Verhältnis zum Erreichen der Ziele steht. Solle es das Ziel sein, strategisches Denken und Handeln zu lernen, dann wird das sicher nicht mit dem Durcharbeiten eines Arbeitsblattes erfolgen, vor allem nicht, wenn es darum geht, Erkenntnisse in Handeln zu übertragen.

Zugleich gilt aber auch: Unterricht sollte nicht immer in Projekten oder mit einem Zugang des Forschenden Lernens stattfinden. Nicht nur um der Abwechslung wegen, sondern auch weil in manchen Kontexten die Lernziele andere sind, beispielsweise wenn es um das besagte Lernen von Vokabeln oder Fachbegriffen geht, da werden andere Verfahren deutlich effizienter sein.

2.5.2 Nicht alle werden angesprochen

Auch wenn manche Veröffentlichungen beispielsweise zum Projektunterricht den Eindruck erwecken, dass *alle* Schüler/innen begeistert auf den Freiraum reagieren, den sie durch den Zugang bekommen, kann vor solchen Einschätzungen nur gewarnt werden. Manchmal ist das Gegenteil der Fall, da wird diese Form als belastend empfunden. Und sie ist es auch, da die Akteure eigentlich immer gefordert sind. Am Beispiel dargelegt: Einmal kamen Neuntklässler zu mir und sagten, der Unterricht bei Lehrkraft X gefalle ihnen besser, der würde die Stunde lang vorne erzählen, dann etwas an die Tafel schreiben, das würden sie dann abschreiben. Und dann kam der wohl entscheidende Satz: „Das ist nicht so anstrengend." Insofern ist es sicher auch aus diesem Grund gut, dass Unterricht nicht nur durchgehend die dauerhafte Aktivität fordert, sondern manchmal Unterricht auch so konzipiert ist, dass er Frei- und Erholungsräume ermöglicht. Und bisweilen schauen die Schüler/innen in diesem Unterricht nur interessiert, sind aber innerlich emigriert, während sie der Lehrkraft suggerieren, alles aufmerksam zu verfolgen. Es gibt nur äußerst selten Unterricht, bei dem alle Schüler/innen die ganze Zeit bei der Sache sind.

Verschiedene Lerntypen werden unterschiedlich angesprochen. Manchen liegt die Aktivität des Projektunterrichts oder auch der anspruchsvolle Zugang des Forschenden Lernens mehr, anderen weniger. Viel hängt dabei auch an der – familiären und schulischen – Sozialisation. Manche Schüler/innen können sich erst durch den Freiraum entfalten, manche sind damit überfordert, brauchen stärkere Anleitung. So wird es auch Lerngruppen geben, für die weniger und nicht mehr Projektunterricht sinnvoll sein wird. Dennoch gilt auch hier: Ausprobieren und den Schüler/innen es ermöglichen, sich auszutesten, um sich damit selbst kennenzulernen, ist sicher richtig.

2.5.3 Die Frage nach den Lerneffekten

Von einzelnen Projekten werden wie von einzelnen Unterrichtseinheiten nur selten nachhaltige Effekte ausgehen, also Effekte, die tatsächlich Denkprozesse, Reflexionsfähigkeiten, Einstellungen, die Anwendung im täglichen Leben usw. so ändern, dass sie nachher signifikant anders sind als vorher. Dies gilt ebenso für konventionelle Unterrichtseinheiten oder gar Unterrichtsstunden. Empirisch sind solche Effekte zudem schwerlich nachzuweisen, da eigentlich die meisten Forschungsdesigns mit Prä-, Post-, Follow-up-Erhebungszeitpunkten eben auch im Follow-up meist nur kurze Zeit nach der Intervention mögliche Effekte untersuchen. Nachhaltige Effekte auf die Reflexionsfähigkeit beispielsweise müsste man sich eher Jahre später anschauen, dann tritt aber das methodische Problem auf, dass kaum feststellbar ist, ob das besagte Projekt nun diese Effekte hatte oder evtl. Diskussionen der Schüler/innen mit Freunden, Familie usw. Es bleibt: Wenn etwas nicht nachgewiesen wird oder nachweisbar ist, heißt es nicht, dass es nicht vorhanden ist. Nicht alles, was Schüler/innen lernen, lässt sich empirisch nachweisen.

2.5.4 Kritik an der Handlungsorientierung

Die Prozess- und Handlungsorientierung impliziert, dass man (methodisch reflektiert) ausprobiert und nicht nur theoretisch über ein Phänomen diskutiert. Die Gefahr liegt auf der Hand: Man macht etwas und hat das Gefühl, dass es gut gelaufen ist, ohne allerdings den Prozess wirklich kritisch zu reflektieren. Hier lassen sich Bezüge zu den Praxisphasen in der Lehrerbildung, wie dem Praxissemester, ziehen. Wenn man Unterricht „irgendwie macht", ist das eben nicht gleichbedeutend damit, dass man fundiert *handelt* oder *handeln kann*, denn Erfahrungen alleine haben nicht Expertise zur Folge. (Lütgert 2013, 197; Hascher 2011, 423 und 429)

Das bedeutet, dass nicht nur eine inhaltliche Vorbereitung der Schüler/innen erfolgen muss (beispielsweise, wie Projekte realisiert werden), sondern dass auch Reflexionsphasen unabdingbar sind, in denen z.B. darüber reflektiert wird, dass Individualerfahrungen nicht generalisiert werden sollten.

Insofern: Die Reflexion muss ein zentrales Element von Projektarbeit und Forschendem Lernen sein.

2.5.5 Ideologische Kritik

Angesprochen sei zumindest kurz auch eine ideologische (Selbst-)Kritik an dem hier propagierten Zugang. Projektunterricht zielt auf die Realisierung zeitlich befristeter Vorhaben. Das ist genau das, worauf der Arbeitsmarkt seit den 1990er

Jahren zunehmend zielt: weniger dauerhafte Tätigkeiten mit entsprechend festen Verträgen, sondern vielmehr zeitlich befristete Arbeitsverträge, bei denen man ein bestimmtes Vorhaben in begrenzter Zeit umsetzt. Projektarbeit zielt auch darauf, dass die künftigen Arbeitnehmer/innen genau das beherrschen: Probleme in einem begrenzten Zeitraum kreativ zu lösen, strategisch vorzugehen, möglichst effizient zu arbeiten usw. Es verwundert nicht, dass Unternehmen sich genau diese Kompetenzen wünschen. Die vorliegenden Prognosen zu den künftigen Anforderungen an die Arbeiternehmer/innen machen ebenso diese Kompetenzen deutlich: Das World Economic Forum betont Kompetenzen wie kritisches Denken, Kreativität oder komplexe Probleme lösen zu können (World Economic Forum 2016, 20 ff.). Und eine Studie im Auftrag des Bundesministeriums für Arbeit und Soziales aus dem Jahre 2016 zum Arbeitsmarkt im Jahre 2030 sieht „einen verstärkten Bedarf an koordinierenden, forschenden, kommunikativen, kreativen und entscheidungsintensiven Tätigkeiten." (Vogler-Ludwig, Düll und Kriechel 2016, 23)

Schüler/innen können also mit solchen methodischen Zugängen auf den Arbeitsmarkt vorbereitet werden. Und wenn es klappt, dann hat man – etwas polemisch formuliert – kleine Manager und fleißige, eigenständige Erfüllungsgehilfen, die fast jedes Problem lösen können. Manchmal hat man bei den Schüler/innen, die all die angestrebten Kompetenzen so gut beherrschen, den Eindruck, sie seien die perfekten Maschinen für den reibungslosen wirtschaftlichen Ablauf. Ob man das will oder nicht bzw. inwiefern man das will, ist eine didaktische Entscheidung. Im Lernkontext kann man dies auch thematisieren und damit den methodischen Zugang gemeinsam mit den Schüler/innen kritisch hinterfragen. Schüler/innen, besonders jüngeren, fällt eine solch abstrakte Reflexion jedoch schwer.

II. Projekte entwickeln, planen und realisieren

1. Ideen entwickeln

Gerade beim Forschenden Lernen wird immer wieder darauf verwiesen, dass die Lernenden ihren eigenen Ideen nachgehen sollten. Wie dargelegt ist dies hinsichtlich der Motivation sicher sinnvoll, bedeutet es doch weniger Fremdbestimmtheit, mehr Autonomieerleben (Deci und Ryan 1993). Zugleich befinden sich gerade Schüler/innen aber eher am Beginn des Lernprozesses, zumindest hinsichtlich des Forschenden Lernens und der Projektarbeit. Auf Grund ihres Alters fehlt nicht selten daher auch der Blick für mögliche Ideen, da ein 14–Jähriger beispielsweise weniger Erfahrungen diesbezüglich gemacht hat als die Lehrer/innen. Daher sollte die Lehrkraft in der Regel zumindest einige Ideen zur Auswahl vorstellen, am besten als Möglichkeiten. Dann haben die Schüler/innen noch Wahlmöglichkeiten, können ggf. auch ganz andere, eigene Ideen entwickeln und vorschlagen.

Wenn Gruppen eigene Ideen entwickeln sollen, dann sollte eines vermieden werden: Alle setzen sich zusammen und sinnieren darüber, welche Projektidee reizvoll wäre. In diesen Fällen dominieren meist einige die Diskussion und damit auch die Gedanken von allen Gruppenmitgliedern. Bewährt hat sich hingegen ein mehrstufiges Verfahren: In einem ersten Schritt schreiben alle ihre Ideen alleine auf, kommunizieren nicht mit den anderen. So ist jeder gezwungen, eigene Ideen zu entwickeln und auch die Gruppe kann nur davon profitieren, wenn mehrere Gedanken durchdiskutiert werden können. Gerade stillere Schüler/innen werden damit stärker in den Gruppenprozess eingebunden. Als Teil dieses ersten Schritts kann auch eine geleitete Internetrecherche erfolgen. Entsprechende hilfreiche Links können vorgegeben werden, beispielsweise zu Schülerfirmen liegen mehrere Sammlungen erprobter Ideen bereits vor (z. B. www.nasch21.de, www.bundes-schuelerfirmen-contest.de).

Erst in einem zweiten Schritt sollten die Ideen in der Gruppe einzeln diskutiert, dann jeweils Vor- und Nachteile angesprochen werden, um letztlich zu einer Entscheidung zu kommen. Für die Entscheidungsfindung sollten auch Verfahrensregeln geklärt werden, normale Mehrheitsentscheidungen empfehlen sich hierbei, bei mehr als zwei Vorschlägen kann man auch in zweistufigen Abstimmungsverfahren vorgehen, sozusagen mit Stichwahl der beiden beliebtesten Ideen.

Die Erfahrung mit einem solchen Vorgehen hat gezeigt, dass es Schüler/innen gerade am Anfang schwerfällt, dieses zweischrittige Verfahren umzusetzen, sie neigen dazu, die Phasen aufzulösen und gleich die ersten Gedanken in der Gruppe zu besprechen. Entsprechende Hinweise von der Lehrkraft sind dann notwendig.

Um Ideen reflektiert zu bewerten, eignet sich die Methode der „6 Hüte“ von Edward de Bono (de Bono 2009). Die Gruppenmitglieder nehmen dabei verschiedene Rollen mit unterschiedlichen Perspektiven ein. Mit diesen Perspektiven blicken sie auf einen Themenvorschlag. Genauso ist die Methode anwendbar, wenn es z.B. darum geht, Lösungsvorschlage für Probleme zu diskutieren. Die unterschiedlichen Rollen werden durch die sogenannten Hüte symbolisiert, es ist aber selbstverständlich auch möglich, dies mit Schildern anzuzeigen, ggf. auch verbalisiert und nicht nur farblich visualisiert gekennzeichnet. Die sechs Rollen sind folgende, wobei auch eine Auswahl davon verwendet werden kann:

- Weiß symbolisiert das analytische Denken, die Konzentration auf Tatsachen, Anforderungen und wie sie erreicht werden können.
- Rot steht für das emotionale Denken, Empfinden: Konzentration auf Gefühle und Meinungen.
- Schwarz zeigt das kritische Denken: Risikobetrachtung, Probleme, Skepsis, Kritik und Ängste.
- Gelb bringt das optimistische Denken in die Diskussion in der Gruppe: Wie sieht das Best-Case-Szenario aus?
- Grün steht für kreatives, assoziatives Denken: neue Ideen, Kreativität.
- Blau zeigt das ordnende, moderierende Denken: Überblick über die Prozesse.

Die Gedanken zu einer Idee sollten dann jeweils aufgeschrieben, am besten für alle visualisiert werden. Später, nach dem Ablegen der jeweiligen Rolle, können die Vorschläge dann bewertet werden. Vorher sollten aber alle möglichst immer in ihrer Rolle bleiben. Die Moderation könnte der blaue Hut übernehmen.

Es kommt darauf an, wie offen der Lernkontext ist, wie viel Zeit man zur Verfügung hat. Handelt es sich beispielsweise um einen Wahlpflichtkurs oder um einen auch curricular recht engen Lernkontext? Sollten zeitliche Spielräume bestehen, könnte es auch ratsam sein, die Interessenfindung der Ideenfindung vorzuschalten. Denn die Praxis zeigt, dass sich nicht wenige Schüler/innen oft nicht klar über ihre eigenen Interessen sind, gerade in der Mittelstufe. Methodisch kann hier beispielsweise mit einem einfachen Mindmapping vorgegangen werden. Wenn die eigenen Interessen erst einmal herausgearbeitet sind, lassen sich Projektideen leichter finden.

2. Recherchieren, Präsentieren, Texte verfassen und die Notwendigkeit von Leitfragen oder Hypothesen[5]

Karl-Maria Steinberg. Was passiert, wenn man Schüler/innen ein Referat über diese fiktive Person ausarbeiten lässt, wobei sie davon ausgehen, dass die Person tatsächlich existiert hat? Sie gehen zuhause an ihren Rechner, geben den Namen „Karl-Maria Steinberg" bei einer Suchmaschine ein und schreiben alles auf, was dort beim ersten Treffer zu finden ist. Das ist in der Regel Wikipedia. Kurz vor dieser Hausaufgabe hatte ich als Lehrkraft den Beitrag über Karl-Maria Steinberg dort platziert. Der angebliche Sozialdemokrat und Privatgelehrte Steinberg war hiernach ein Kritiker des Nationalsozialismus. In dem Beitrag hieß es, dass die Menschen sich zu sehr und unkritisch von der Propaganda beeinflussen ließen. Überliefert sei nur das Fragment seines Aufsatzes „Glaubt nicht alles, was Ihr lest!"

Das Ergebnis des *Steinberg-Experiments* war wie erwartet: Fast alle Schüler/innen der drei Testklassen vom 9. bis zum 13. Jahrgang trugen das vor, was bei Wikipedia zu lesen war. Einer berichtete sogar davon, dass seine Mutter Steinberg auch kenne. Lediglich eine Schülerin agierte anders, dazu später mehr.

Nun geht es hier sicher nicht um eine Wikipedia-Schelte. Das Online-Lexikon ist ein bemerkenswertes Phänomen. Eine kaum überschaubare Zahl an Autorinnen und Autoren arbeitet gemeinsam an verschiedenen Texten, obwohl sie sich nicht kennen, kein Geld dafür bekommen und keine Führungsstruktur im eigentlichen Sinne ersichtlich ist. Vieles, worüber die Betriebswirtschaftslehre kaum Zweifel zulässt, widerspricht dem. Das Ergebnis erstaunt immer wieder: Es sind zahlreiche exzellente Artikel entstanden.

Im Folgenden wird dargelegt, wie man Schüler/innen dazu bringen kann, dass sie in ihren Referaten und schriftlichen Ausarbeitungen nicht unkritisch etwas wiedergeben und sich – bei Präsentationen – vor allem auf die Form des Vortrags konzentrieren: frei sprechen, einige hübsche PowerPoint-Folien anfertigen und in der Folge oft das Lob der Lehrkräfte ernten. Hier geht es vielmehr darum, wie wir die Schüler/innen dazu bringen, eigenständig und kritisch zu

5 Der folgende Abschnitt basiert im Wesentlichen auf: Sönke Zankel: Recherchieren und präsentieren können. Wie Referate und schriftliche Ausarbeitungen wirklich gelingen können, in: Pädagogik, 3/2015, S. 14–17 und Sönke Zankel: Regionalgeschichte mit Schülern erforschen. Zugänge und Möglichkeiten des Forschenden Lernens im Geschichtsunterricht und außerschulischen Kontext, *erscheint in:* AKENS, Informationen zur Schleswig-Holsteinischen Zeitgeschichte, Nr. 57, Kiel 2018.

recherchieren, um damit zu abwägenden, reflektierten und letztlich multiperspektivischen Arbeitsergebnissen zu kommen. Dabei muss es das Ziel sein, die Schüler/innen in die Lage zu versetzen, sich in der kaum überschaubaren Welt der (virtuellen) Informationen zurechtzufinden und das zumindest bewerten zu können, was ihnen dort angeboten wird (Sühl-Strohmenger 2016, 1 ff.). Andernfalls droht der *Steinberg-Effekt* – das vollkommen unkritische Übernehmen virtueller Texte.

Wie schriftliche Ausarbeitungen und Referate sinnvoll gestaltet werden, hängt miteinander zusammen, ist strukturell ähnlich. Beginnen wir mit den Referaten, wobei der Fokus hier nicht auf kurzen Informationsbeiträgen (beispielsweise die Zusammenfassung eines Zeitungsartikels) liegen soll, sondern auf dem Referat als Vortrag, denn Ergebnisse einer Projektarbeit müssen nicht in einer schriftlichen Hausarbeit, sondern können z. B. auch in Form von Referaten präsentiert werden.

2.1 PowerPoint als Problem

PowerPoint-Präsentationen werden in Kombination mit der schnellen Verfügbarkeit von Informationen durch das Internet oft und nicht nur bei Schüler/innen zur Show, zur „PowerPoint-Show" – eine Recherche zu dem Begriff bei Google ergibt knapp fünf Millionen Treffer (Stand: 15.8.2017). Und diese Kombination aus Internet und PowerPoint verführt „massiv zur unreflektierten [...] Übernahme von digitalem Material" und fördert damit letztlich „die unkritische ‚Copy & Paste'-Mentalität" (Spinnen 2011, 62 und 69).

Wenn man mit Schüler/innen vertraulich spricht und sie keine etwaigen schulischen Folgen ihrer Aussagen fürchten müssen, dann machen sie ihr Vorgehen bei Referaten transparent: Am Abend vorher werde das Thema gegoogelt, der erste Treffer sei meist eh Wikipedia, sodass der Text der Online-Enzyklopädie in PowerPoint-Folien gepresst werde. Die werden dann, in der Regel ohne Angabe der Quelle, präsentiert. Eigentlich erfolgt somit nur eine Nacherzählung des Internettextes (Hodel 2013, 327), eine Schwerpunktsetzung, zumal am Interesse der Schülerin bzw. des Schülers orientiert, erfolgt eher selten. Die Lehrkraft ist dennoch oft zufrieden, die Schülerin oder der Schüler auch, da die Note fast nie schlechter als drei ausfällt. Wikipedia liefert aber nicht nur die inhaltlichen Informationen, sondern gibt zugleich die Struktur des Referates vor. Reflexionsvermögen ist bei solchen Referaten oft nicht gefragt, sondern in letzter Konsequenz nur ein (natürlich abhängig vom Thema) eher rudimentäres Leseverständnis, gewisse Sprechkompetenzen und vor allem die Handhabung des Programms PowerPoint.

2.2 Leitfrage oder Hypothese als Ausweg

Den Ausweg sollte die Rückbesinnung auf die altbewährten Standards des wissenschaftlichen Arbeitens darstellen. Die Wissenschaftspropädeutik bietet hier Chancen und je nach Klassenstufe und Schulart können diese Kriterien reduziert angewendet werden.

Dass Schüler/innen unreflektiert in ihren Referaten die Struktur von externen Texten übernehmen (oft Wikipedia), liegt letztlich auch an der Aufgabenstellung. Wenn ein Thema wie „Martin Luther" oder „Europa" vorgegeben und zugleich keine Leitfrage gestellt oder gefordert wird, gleicht das einer Einladung der Lehrkraft zu dem beschriebenen Verfahren und führt schnell zum *Steinberg-Effekt*. Wird jedoch eine Leitfrage vorgegeben (beispielsweise in unteren Klassen oder bei leistungsschwächeren Schüler/innen) oder die Entwicklung einer solchen Leitfrage verlangt, ist fast zwangsläufig die Übernahme des Wikipedia-Beitrags inklusive seiner Struktur nicht mehr möglich. Denn nun geht es um die Beantwortung dieser Leitfrage, die freilich einen deutlich engeren Fokus als das Thema selbst verlangt.

Gerade mit zunehmendem Alter sind problemorientierte und komplexere Fragen ratsam, die verstärkt erörternden Charakter haben und damit den Abwägungsprozess fördern. Dies sei an zwei Leitfragen-Beispielen aus der politischen Bildung deutlich gemacht: 1. Sollten Volksentscheide auf Bundesebene eingeführt werden? (8.–10. Klasse) 2. Inwiefern gibt es Demokratiedefizite im politischen System der Europäischen Union und inwieweit sollten diese behoben werden? (Oberstufe)

Wichtig ist, dass die Beantwortung der Leitfrage für das Referat zentral ist, alles darüber Hinausgehende ist Beiwerk. Anders formuliert: Die *Leit*frage muss durch die Präsentation oder die Arbeit *leiten*.

Im Rahmen des Forschenden Lernens im Fach Geschichte soll nun gezeigt werden, wie hier vorgegangen werden kann. Am Beginn kann ein Thema stehen, aus dem Schüler/innen immer eine Forschungs- bzw. Leitfrage entwickeln sollten. Sie ist der Ausgangspunkt der Untersuchung, strukturiert und fokussiert die Arbeit und dient als Leitfaden für die Themenbearbeitung. Auch wenn es selbstverständlich sein mag: Grundsätzlich haben Leitfragen immer ein Fragewort am Anfang und am Ende steht jeweils ein Fragezeichen. Dabei können zu den Leitfragen jeweils auch Unterfragen entwickelt werden (Tschirner 2014, 39).

Darüber hinaus ist bedeutend, dass die Leitfragen:

1. nicht zu eng gefasst, zugleich nicht zu umfangreich und im schulischen Kontext zu beantworten sind,
2. die Entfaltung einer Argumentation ermöglichen.

Eine zu eng gefasste Frage wäre z.B.: „Wann wurde Bismarck geboren?" Die Antwort fiele kurz aus, wirkliche Nachforschungen müsste man nicht anstellen. Eine zu umfangreiche Frage wäre: „Wie verlief die NS-Herrschaft in Schleswig-Holstein?" Das können einzelne Schüler/innen nicht beantworten, das heißt, es müsste eine Fokussierung geben. Denkbar wäre: „Inwiefern gab es Widerstand gegen den Nationalsozialismus in Reinbek und welche politischen Ziele verfolgte die Widerstandsgruppe X?" Sollte in dem Ort ein breiter Widerstand vorhanden gewesen sein, dann wäre auch diese Frage zu umfangreich, man könnte sie auf eine Gruppe oder eine Person beschränken.

Zugleich muss die Leitfrage beantwortbar sein, das heißt, es müssen diesbezüglich Quellen vorliegen und diese müssen auch für Schüler/innen zugänglich sein. Daher haben es beispielsweise Arbeiten, die sich thematisch der jüngeren Zeitgeschichte widmen, oft schwer, da hier archiv- und datenschutzrechtliche Hindernisse vorhanden sind. Diese Probleme können auch bei Arbeiten zur NS-Geschichte auftreten.

In der Regel setzt das voraus, dass die Lehrkraft vorrecherchieren muss. Ein Vorgehen wie: Wir wollen uns dem Thema „Widerstand in Reinbek in der NS-Zeit" widmen, die Lehrkraft hat aber selbst keinen Anhaltspunkt, welche Quellen es geben könnte, was die Archive hergeben, sollte unbedingt vermieden werden. Dies liefe fast zwangsläufig auf ein Scheitern des Projektes hinaus. Insofern ist bei solchen historischen Arbeiten im Vorfeld eine zeitliche Investition der Lehrkraft notwendig, die sich aber später nachhaltig auszahlen wird.

Dass die Entwicklung von Leitfragen ein überaus schwieriges Unterfangen ist, liegt nahe. Dies muss eingeübt werden, auch deshalb ist das frühe Heranführen hieran wichtig. Grundsätzlich gilt: Wer keine gute Leitfrage stellt oder keine gute Hypothese aufstellt, wird keine gute Antwort erhalten.

Ergänzend zur Leitfrage (bzw. Hypothese) sollte die Methodik dargelegt werden, *wie* eine Antwort auf die Leitfrage gefunden werden kann. Dies kann von der Darlegung und Erläuterung der herangezogenen Literatur bzw. Texte bis hin zur Offenlegung der Untersuchungsmethodik im engeren Sinne reichen. Letzteres wäre dann wichtig, wenn beispielsweise ein psychologisches Experiment, ein sozialwissenschaftlicher Test oder auch ein Produkttest der Arbeit zugrunde liegt. Ein Beispiel: Will man untersuchen, inwiefern sich Schüler/innen beim Kauf des Produktes Cola von der Marke beeinflussen lassen, könnte die Untersuchung so aussehen, dass vier Becher mit demselben Cola-Produkt, darunter auch Coca Cola, gefüllt sind, die Becher aber mit jeweils anderen Marken gekennzeichnet sind. Den Probanden könnte man die Frage stellen, welche Cola ihnen am besten schmeckt.

Hinsichtlich der in der Ausarbeitung dargelegten Argumentation gilt, dass sie nicht nur schlüssig sein sollte, sondern dass sie auch mögliche Gegenargumente deutlich macht. So können die Schüler/innen zeigen, dass sie einen breiten Argumentationshaushalt vorlegen und sie damit zugleich auch Leerstellen bzw. Uneindeutiges auf Grund der – ggf. schlechten – Quellenlage identifizieren können. Sprachlich unterschieden werden sollte zudem zwischen der eigenen Position der Schüler/innen und der anderer Autoren. (Grube u.a. 2009, 182 ff.) Hierzu gehört auch die Nachweispflicht, das heißt, alle fremden Gedanken müssen z.B. in Fußnoten nachgewiesen werden. Erst dann erhält der Text oder die Präsentation Transparenz und die Argumente sind für die Lehrkraft überprüfbar.

2.3 Nachweispflicht in Präsentationen

Da bei Referaten die Nachweispflicht meist nicht eingefordert wird, entstehen Präsentationsprodukte, die für Lehrer/innen nur schwer bewertbar sind. Wie die Schülerin oder der Schüler zu ihrer oder seiner Erkenntnis gekommen ist, bleibt jedenfalls ebenso unklar wie die Frage, ob seine Erkenntnis auf einem halbwegs seriösen Fundament basiert. Verstärkt wird das Bewertungsproblem dann, wenn sich die Lehrkraft in der Materie des Referats nicht wirklich sehr gut auskennt, was bei uns Lehrer/innen als Generalisten nicht selten vorkommen dürfte. Daher ist es umso wichtiger, dass der Erkenntnisweg der Schüler/innen nachvollziehbar dargelegt wird, kurz: Auf den Präsentationsfolien sollten nach den einzelnen Spiegelstrichen in Kurzform die Quellenangaben genannt werden (analog zur Fußnote). Damit sollte zugleich das Ziel verfolgt werden, dass bei den Schüler/innen ein Bewusstsein für die Herkunft der Informationen entsteht, auf deren Fundament ihre eigene Darstellung beruht.

Bekommt die Lehrkraft die Folien bzw. das Handout vorab, ist es ihr möglich, die Grundlage des Referats nachzuvollziehen, die Angaben zu überprüfen und letztlich den Vortrag auch inhaltlich (besser) bewerten zu können.

2.4 Die schriftliche Hausarbeit

Grundsätzlich ist bei der schriftlichen Arbeit genau so vorzugehen wie beim Referat. Die Struktur ähnelt sich: Auch hier sollten ein oder zwei Leitfragen bzw. Hypothesen im Zentrum stehen, mit deren Hilfe beispielsweise eine Kontroverse diskutiert wird.

Die schriftliche Arbeit ist für die meisten Schüler/innen sicher schwieriger als der mündliche Vortrag. Während kleinere Ungenauigkeiten in der gesprochenen Sprache beispielsweise durch Nachfragen schnell geklärt werden können, steht das geschriebene Wort fest. Dazu kommt, dass die hier geforderte Schriftsprache nicht die ist, in der die Schüler/innen ansonsten zumeist schriftlich kommunizieren. Auch schreiben sie in der Regel keine längeren Texte, die der Klassenarbeiten sind meist die längsten eines Teenagers.

Die in der Schule verfassten Texte haben zudem das Problem, dass es Manuskripte sind: Die Schüler/innen haben hier nur eine äußerst begrenzte Zeit zur Verfügung und kaum Möglichkeiten zur wirklichen Überarbeitung. Gute Texte entstehen aber nicht in solch kurzer Zeit. Sie müssen Korrektur gelesen und mehrfach überarbeitet werden. Auch Goethe hat seine Texte immer wieder überarbeitet, vielleicht mag ein Hinweis darauf die Schüler/innen etwas trösten. Insofern ist es notwendig, die Texte kriterienorientiert von Dritten lesen zu lassen, beispielsweise von den Mitschüler/innen. Dies kann auch im Unterricht stattfinden, dann können in Kleingruppen die jeweiligen Texte besprochen werden. Entscheidend ist, dass dies kriterienorientiert erfolgt, beispielsweise hinsichtlich der Leitfrage, steht sie im Zentrum der Arbeit oder eher am Rande?

Die Schüler/innen können ihre Texte auch von den Eltern lesen lassen. Selbstverständlich geht man damit das Risiko ein, dass man später keine Schüler-, sondern Elterntexte korrigiert. Um dem zu begegnen, kann man sich die einzelnen Fassungen geben lassen. Aber letztlich ist dieses Risiko m. E. in Kauf zu nehmen und es dürfte auch nicht zu groß sein. Bei mir wurden bisher rund 200 solcher Texte geschrieben, dieses Problem trat bei rund einem Prozent der Arbeiten auf. Plagiate von Internettexten waren das gravierendere Problem.

Hier empfiehlt es sich, einen Plagiatscheck von den Mitschüler/innen durchführen zu lassen. Sollte beispielsweise eine schriftliche Ausarbeitung von allen Klassenmitgliedern (z. B. als Ersatzleistung für eine Klassenarbeit) gefordert sein, kann man die Mitschüler/innen die einzelnen Textbelege nachprüfen lassen. Dafür sollte die jeweilige Quellengrundlage beim sogenannten Plagiatscheck daneben liegen. Beispiel: In Fußnote 1 wird als Textbeleg eine Seite aus dem Lehrbuch genannt. Wenn das Lehrbuch daneben liegt, die Passage womöglich mit einem kleinen Notizzettel markiert ist, dann sollte das Finden der Passage schnell möglich sein. Nach dem Korrekturlesen kann noch der Schüler-Prüfer unterschreiben, dass hier keine Plagiate vorhanden sind, auch das ließe sich ggf. mit in die Bewertung einbeziehen und muss nicht zwangsläufig während der Unterrichtszeit erfolgen.

Checkliste für Hausarbeiten

Einleitung

- ☐ Spannender Einstieg in das Thema, sodass der Leser zugleich weiß, worum es in der Arbeit geht.
- ☐ Die Fragestellung(en) für die Arbeit sind klar formuliert: möglichst ein oder zwei Leitfragen, die dann „Unterfragen" einschließen können.
- ☐ Es wurde dargelegt, wie die Fragestellung(en) bearbeitet werden sollen, dabei: verwendete Quellen und Literatur (Forschungsstand) nennen.

Hauptteil

- ☐ Zentral: Im Hauptteil wird versucht, die Leitfragen mit Quellen und Literatur zu beantworten.
- ☐ Bei empirischen Arbeiten: Die Methode wird ausführlich mit der vorhandenen (Forschungs-)Literatur reflektiert.
- ☐ Die Quellen wurden kritisch hinterfragt. Ich glaube z.B. nicht blind einem Zeitzeugen. Jede Quelle nimmt eine bestimmte Perspektive ein, ich habe jedoch eine multiperspektivische Darstellung verfasst.
- ☐ Gedruckte Publikationen wurden verwendet.
- ☐ Internettexte wurden hinsichtlich der Seriosität geprüft.
- ☐ Der Hauptteil ist sinnvoll in mehrere Kapitel untergliedert, mehr als eine Unterkapitelebene wurde vermieden (maximal: 1., 1.1., 1.2.).
- ☐ Ich weise alle fremden Gedanken, die ich gelesen oder von denen mir berichtet wurde, in den Fußnoten nach. Alles andere wird als Täuschungsversuch gewertet.
- ☐ Zitate wurden kenntlich gemacht.
- ☐ Die Quellen- und Literaturangaben sind so genau wie möglich.
- ☐ Es wird bei den einzelnen Teilfragen – soweit möglich – auf den Forschungsstand (Literatur) eingegangen.
- ☐ Ich habe möglichst viel Forschungsliteratur verwendet, auf die ich mich dann beziehe.
- ☐ Alle meine Aussagen sind begründet.
- ☐ Bei empirisch-quantitativen Arbeiten: erst Präsentation der Ergebnisse, dann deren Diskussion und Reflexion (inkl. der Methodik).

Schlussbetrachtung

- ☐ Die Leitfragen werden wieder aufgegriffen und die Ergebnisse der Untersuchungen werden kurz und prägnant zusammengefasst.
- ☐ Ggf. erfolgt ein Ausblick auf neue, untersuchenswerte Forschungsfragen in diesem Themenfeld.

Quellen- und Literaturverzeichnis

- ☐ In alphabetischer Reihenfolge sind jeweils die Quellen und die Literatur aufgeführt.

Anhang

- ☐ Es sind nur Materialien wie Quellen im Anhang zu finden, auf die auch im Text Bezug genommen wurde. Hier können auch Korrespondenzen von der Recherche angehängt werden, z.B. Briefe von Zeitzeugen, Archiven usw. Bei empirischen Arbeiten müssen beispielsweise die Interviews mit eingereicht werden. Zeigen Sie, dass Sie gründlich recherchiert haben.

Allgemein

- ☐ Deckblatt: eigener Name, Fach, Name der betreuenden Lehrkraft, Datum, Titel der Arbeit
- ☐ Inhaltsverzeichnis mit den Kapiteln und den Seitenzahlen
- ☐ Ich habe immer vollständige Sätze formuliert.
- ☐ Ich habe die Arbeit von mindestens zwei Personen Korrektur lesen lassen.

Formatierung

- ☐ Seitenrand: jeweils 2 cm
- ☐ Schriftart: Times New Roman, 12 Punkt
- ☐ Überschriften: 14 Punkt
- ☐ Zeilenabstand: 1,5
- ☐ Seitennummerierung

2.5 Gründliche Recherche

Der klassische Weg der Recherche in Büchern bleibt nach wie vor bedeutend, auch wenn er selten gewählt wird. Ein Besuch der Stadtbücherei hat dabei nicht nur den Vorteil, den Schüler/innen diesen Rechercheweg zu zeigen, sondern sie zugleich an den Ort des Lesens heranzuführen. Den örtlichen Büchereien ist es zudem möglich, fast alle ausleihbaren Bücher zu bestellen. Um gerade Oberstufenschüler/innen zu zeigen, welche Bücher oder Beiträge zu einem Thema überhaupt vorliegen, sollte man ihnen den Karlsruher Bibliothekskatalog vorstellen (http://kvk.bibliothek.kit.edu/?digitalOnly=0&embedFulltitle=0&newTab=0).

Dort gefundene Bücher können dann vor Ort bestellt werden. Googlebooks bietet zudem eine sehr schnelle Möglichkeit, auch online zumindest in einige Bücher hineinzulesen.

Bei manchen Themen ist es sinnvoll, Experten zu befragen. Manchmal kann das der Fachkollege an der Schule sein, manchmal ein Spezialist in der Kommune oder aber auch in der Ferne. Das Internet bietet hier Möglichkeiten, schnell und problemlos Kontakt aufzunehmen und entsprechende Fragen zu stellen, ggf. per Mail, per Telefon oder über Skype.

Der häufigste Rechercheweg wird in der Praxis sicher das Internet darstellen. Hier gilt es noch mehr als bei gedruckten Texten, die entsprechenden Informationen und ggf. auch die dort zugrunde liegenden Quellen zu prüfen. Dabei ist es bezüglich des Internets schwierig, seriöse von unseriösen Informationen zu unterscheiden. Als Hilfestellung können Lehrkräfte anfangs seriöse Internetseiten empfehlen, beispielsweise die der Bundeszentrale für politische Bildung für die Fächer Geschichte, Wirtschaft und Politik. Dazu sollte aber erläutert werden, *warum* man diese Seite für seriös hält, denn es ist entscheidend, dass die Schüler/innen lernen, nach welchen Kriterien sie selbst Internetseiten bewerten können.

Bei der eigenen Recherche der Schüler/innen wird die qualitative Einordnung einer Internetseite immer nur eine Annäherung sein. Zugleich ist sie aber notwendig, damit die Schüler/innen lernen, sich im Dschungel der virtuellen Informationswelt halbwegs zurechtzufinden. In ihrem Leben wird später niemand ständig neben ihnen sitzen und ihnen sagen, welche Texte sie besser nicht als Beleg anführen sollten. Solche Bewertungen von Internetseiten können eingeübt werden, dazu kann die Checkliste anbei (siehe Abb.) hilfreich sein. Zumindest zwei der Kriterien seien hier kurz erläutert:

1. Die oder der Autor/in des Textes bzw. die oder der Verantwortliche der Website: Steht er für bestimmte Ziele bzw. eine bestimmte Seite oder ist er neutral? Beispielsweise bereitete ein Schüler von mir einmal ein Referat über Hooligans vor und bezog sich dabei ausschließlich auf die Internetseite www.hooligans.de. Hätte er die Fragestellung gewählt, wie sich die Hooligans auf der Internetseite selbst darstellen, wäre die Verwendung der Quelle selbstverständlich zielführend gewesen. Dies war aber nicht so, er suchte „objektive" Informationen über die Hooligan-Szene in Deutschland. An diesem Beispiel wird ein zentrales Problem bei der Verwendung von Internettexten deutlich.
2. Zu untersuchen, ob die Website gewisse Interessen verfolgt, ist insofern auch wichtig, da gerade von Unternehmen zunehmend versucht wird, Werbung nicht als solche erscheinen zu lassen. Klarheit schafft möglicherweise die Suche nach Sponsoren auf der Internetseite.

3. Aktualität: Ein Problem der Texte im Internet ist, dass oft nur schwer erkennbar ist, von *wann* die Angaben stammen. Dies kann z.B. dann wichtig sein, wenn über die aktuelle Wirtschaftspolitik der EU referiert wird, die Informationen aber aus dem Jahre 2007 stammen. Sollten solche Angaben vorhanden sein, müssen die Schüler/innen diese auch jeweils angeben. Zusätzlich kann die Lehrkraft bereits bei der Internetrecherche auf die Möglichkeit der Anzeige von Fundstellen in definierten Zeitfenstern hinweisen (siehe bei Google: Einstellungen, erweiterte Suche).

Checkliste für die Bewertung von Internetseiten

Allgemeine Informationen:

Web-Adresse	
Datum, von wann der Beitrag stammt	
Wer betreibt die Internetseite (Universitäten, Forschungseinrichtung, Regierung, Unternehmen, Privatpersonen usw.). Prüfung möglich über www.denic.de oder www.networksolutions.com	
Name des Autors des Artikels	
Informationen zum Autor (z. B. Firma, staatliche Organisation, Universität u. a.)	
Sponsoren der Internetseite	

		Ja	Nein	Unklar
Betreiber	Ist auf der Internetseite ein Impressum mit Kontaktadresse genannt?			
	Verfolgt der Betreiber kommerzielle Ziele, soll durch sie etwas verkauft werden?			
	Ist auf der Internetseite Werbung vorhanden, die darauf hindeutet, dass der Inhalt davon beeinflusst ist?			
	Falls Sponsoren genannt werden, sind diese als seriös einzustufen (beispielsweise staatliche Einrichtungen)?			

		Ja	Nein	Unklar
Verfasser	Ist ein Verfasser des Beitrags erkennbar?			
	Ist der Verfasser für das Thema fachlich qualifiziert (Recherche mit einer Suchmaschine nach seinem Namen)?			
Kontroll-instanzen	Wurde der Inhalt von anderen kontrolliert, beispielsweise von Redakteuren?			
Datierung	Ist der Beitrag für das zu bearbeitende Thema aktuell genug?			
	Sind die (statistischen) Angaben in dem Text auf einem möglichst neuen Stand?			
Umfang	Wird das Thema in einer angemessenen Tiefe analysiert?			
Ziel	Ist der Zweck der Internetseite klar ersichtlich?			
Textqualität	Sind keine sachlichen Fehler auf der Internetseite vorhanden?			
	Ist der sprachliche Stil sachlich?			
	Finden sich keine sprachlichen Fehler in der Darstellung?			
	Ist der Text logisch und widerspruchsfrei?			
	Werden Positionen und Argumente zum Thema genannt, die dem des Autors widersprechen?			
	Gibt es für die Aussagen des Autors Quellen bzw. Belege?			
Gesamturteil (Note mit kurzer Begründung):				

2.6 Es geht um Bildung, nicht ums Verkaufen

Als ich einmal einen Schüler während seines Praktikums bei einer Bank besuchte, sagte der Filialleiter zu mir, dass er während seiner eigenen Schulzeit in der Theater-AG viel mehr für seinen Beruf gelernt habe als im Fach Mathematik. Wenn man an die letzte Finanzkrise denkt, dann lässt einen das nicht sehr positiv nach vorne blicken.

Beim schriftlichen und mündlichen Präsentieren geht es sicher auch darum, dass die Schüler/innen lernen, die Inhalte und letztlich auch sich darzustellen. Das Hauptziel ist aber nicht, zu lernen, sich oder etwas anderes möglichst gut zu präsentieren und damit letztlich zu verkaufen, auch wenn selbst neueste Zeitschriftenbeiträge sich genau hierauf konzentrieren (z. B. Baurmann und Berkemeier 2014, 4 ff.). Es muss um denkende, um kritische Schüler/innen gehen, die Informationen hinterfragen und bewerten können.

Eine Schülerin aus den drei Klassen, in denen ich das *Steinberg-Experiment* durchgeführt hatte, konnte zeigen, dass sie genau das ist. Die damalige Neuntklässlerin sagte: „Das haben Sie geschrieben." Darauf folgte eine Argumentation, die beeindruckte: Sie sei verwundert gewesen, dass es nur wenige Treffer über Karl-Maria Steinberg gegeben habe – alles gespiegelte Seiten des Wikipedia-Beitrags. Als sie sich die Versionsgeschichte des Beitrags angeschaut habe, habe sie gesehen, dass der Artikel erst zwei Tage alt war, also unmittelbar vor ihrer Hausaufgabe hierzu geschrieben wurde. Der Artikel passe genau zu unserer Unterrichtseinheit, die dort behandelten Themen seien meine Arbeitsschwerpunkte. Und sie habe die dort angegebenen Quellen geprüft, die nicht richtig seien. Kein *Steinberg-Effekt* bei dieser Schülerin. Als Lehrer konnte man nur applaudieren.

3. Organisation von Projekten

Projektunterricht hat Einzug in die unterrichtliche Praxis gefunden. Auch wenn empirisch unklar ist, inwieweit dies der Fall ist, so lässt sich dies allein aus der täglichen Beobachtung an vielen Schulen und aus verschiedenen Publikationen ableiten. Unklar ist allerdings, wie die Projekte in der Schule umgesetzt werden, und zwar unabhängig von der inhaltlichen Frage: Wie organisieren die Lehrer/innen und damit letztlich die Schüler/innen den Lern- bzw. Projektprozess? Auch wenn die Projektarbeit den Schüler/innen selbstverständlich viel Freiraum geben soll, sie ihren Arbeitsprozess eigenständig gestalten sollen, stellt sich die Frage, wie sie lernen sollen, wie ein solcher Prozess bestmöglich organisiert werden kann. Allein durch learning by doing? Skepsis ist dort angebracht, da dies häufig zu Arbeitsabläufen führen wird, denen Struktur und Effizienz fehlen. Die Gefahr besteht, dass es in „kopflosem Aktionismus" mündet (Reinhardt 2007, 102).

Einen Ausweg könnte ein Blick ins Projektmanagement liefern, davon kann der Projektunterricht viel lernen. Hier sollen nun Einblicke in zwei Zugänge des Projektmanagements gegeben werden, einerseits in das klassische Projektmanagement, anderseits in eine Form des agilen Projektmanagements: die Kanban-Methode. Beide Zugänge werden hier auf die schulische Arbeit übertragen und entsprechend modifiziert. Für das klassische Projektmanagement erfolgt zuerst eine Variante, die in der Gänze eher für ältere Schüler/innen in Frage kommt. Anschließend wird kurz eine Basisvariante vorgestellt, die auch bei Jüngeren eingesetzt werden kann.

3.1 Orientierung am klassischen Projektmanagement

Beim klassischen Projektmanagement gibt es einerseits relativ starre Hierarchien, beispielsweise durch einen Projektmanager. Der Prozess wird am Anfang geplant, ist konzeptionell recht starr, Veränderungen im Verlauf sind schwierig.

Zuerst einmal ist es wichtig, dass sich die Schüler/innen die Problematik von Projekten, die eben zeitlich begrenzt sind, vergegenwärtigen. Ein reduziertes Modell bezieht sich dabei auf die Zielgrößen Zeit (Projektdauer und Termine), Kosten (finanzieller oder zeitlicher Art, beispielsweise die Stunden, die die Schüler/innen zur Verfügung haben) und Qualität eines Projekts. Diese drei Zielgrößen stehen in einem gewissen Spannungsverhältnis, in einer Zielkonkurrenz zueinander. Wird eine Zielgröße verändert, ändern sich zugleich auch die anderen beiden Zielgrößen. „Man kann nicht maximale Qualität mit einem minimalen Einsatz von Zeit und Kosten erwarten“, so Uwe Froschauer, der Unternehmensgründer coacht und mittelständische Unternehmen berät. (Froschauer 2015, 27)

Es geht einerseits um Planungsprozesse und andererseits um Prozesse, den Ablauf des Projektes zu steuern und dabei auftretende Probleme zu erkennen und entsprechend gegenzusteuern. Walter Jakoby verweist in seinem Buch über Projektmanagement auf sieben Fragen, die zentral sind (Jakoby 2015, 1 f.):

1. Was ist das Problem bzw. die Aufgabe?
2. Was muss getan werden?
3. Wie viel Aufwand ist erforderlich?
4. Wer soll es tun?
5. Wann soll es getan werden?
6. Was könnte schiefgehen?
7. Läuft es nach Plan?

Hiermit kann der Arbeitsprozess der Schüler/innen zugleich strukturiert werden und sie erkennen ein Konzept, mit dem Projekte bearbeitet werden (können). Dabei sollten sie nicht einfach nur diese Fragen erhalten und darüber sinnieren, was sie davon wie umsetzen können. Vielmehr ist es wichtig, dass sie die jeweiligen Antworten schriftlich festhalten – übrigens ein Erfolgskriterium im Projektmanagement (Jakoby 2015, 31). Bedeutend ist, dass alle Schüler/innen den Plan selbst aufschreiben, nicht nur einer aus dem jeweiligen Team. Wir kennen es alle: Derjenige, der alles laut Meinung der anderen Gruppenmitglieder aufschreiben sollte, ist krank, der ganze Arbeitsprozess kommt zum Stillstand bzw. kann nicht strukturiert fortgesetzt werden. Ebenso ist das Hinterlegen der Information z.B. auf dem Schulserver selbstverständlich möglich.

Zugleich ist es der Lehrkraft bei schriftlicher Fixierung möglich, sich den Arbeitsprozess nach der Planungsphase anzuschauen und ggf. beratend zu unterstützen. Der Vorteil: Dieses Konzept können sie übernehmen und auf alle Projekte innerhalb der Schule, aber auch später im Berufs- oder Privatleben anwenden.

Eine strukturierte Planung eines Projekts ist für den Erfolg äußerst bedeutend. Jakoby fasst es so zusammen: „Die Entscheidungen, die zu Beginn eines Projekts getroffen werden, haben die weitreichendsten Folgen. Damit ein Projekt überhaupt die Chance bekommt, erfolgreich zu sein, müssen die Festlegungen vollständig und eindeutig sein und schriftlich festgehalten werden." (Jakoby 2015, 31) Selbstverständlich können nicht alle Angaben z.B. bezüglich des Aufwands exakt bestimmt werden. Dies liegt einerseits daran, dass in Projekten immer nicht Planbares eintritt. Andererseits gilt dies für die Schüler/innen umso mehr, da ihnen weitgehend Erfahrungswerte fehlen. Sicher können bei all dem keine 100-prozentig sicheren Angaben getroffen werden, aber man kann sich auch mit unvollständigen Informationen tragfähigen Aussagen annähern (Jakoby 2015, 73). Wenn die Schüler/innen in dieser „Projektschätzung" geübt sind, dann fällt sie ihnen in Zukunft leichter. Ein Beispiel aus der Praxis: Einige Schüler/innen, die in Filmprojekten arbeiteten, berichteten von einem Filmprojekt, das sie in einem anderen Fach realisieren sollten. Die Zeit war von der Lehrkraft zu kurz angelegt, dass dies ihnen sofort klar war. Das zentrale Problem war in diesem Fall, dass der Lehrkraft der Aufwand von Filmarbeiten nicht bewusst war.

3.1.1 Meilensteine

In der Schule gibt es unterschiedlich umfangreiche Projekte, manche beziehen sich auf einige Schulstunden, andere auf ganze oder in Ausnahmefällen auch auf mehrere Schuljahre. Sinnvoll ist es, dass in der Planung Meilensteine gesetzt werden: Bis zum Zeitpunkt X wollen wir das Teilziel 1 erreicht haben. Sie strukturieren das Projekt und lassen erkennen, wann die Planung nicht mehr funktioniert, wann nachjustiert werden muss. Hier können zugleich die Ursachen analysiert werden, um sie dann zu beheben. Grundsätzlich gilt: Je umfangreicher die Projekte sind, desto wichtiger sind die Meilensteine.

Ein Praxisbeispiel: Mit einer zehnten Klasse hatten wir mit drei Kollegen ein großes Projekt geplant: Die Klasse sollte ein Lexikon über die Heimatstadt der Schüler schreiben. Das Projekt war äußerst komplex und für alle herausfordernd (siehe Kapitel IV.1), denn wir wollten, dass das Lexikon nach vier Monaten Arbeitszeit im Buchhandel erhältlich ist. All das konnte nur durch eine stringente Planung mit Meilensteinen realisiert werden. So hatten wir den Zeitplan mit den jeweiligen zeitlichen Abschnitten gemeinsam mit den Schüler/innen geplant, danach war er für alle ersichtlich im Klassenraum ausgehängt. Ein roter Pfeil zeigte, wo wir uns in unserem Zeitplan befanden. So gab es jeweils auch eine Kontrolle über den jeweiligen Sachstand. Eines war uns danach klar: Hätten wir diesen Zeitplan, die Meilensteine mit Zwischenergebnissen nicht gehabt, dann hätten wir das Projekt (in der entsprechenden Zeit) nicht realisiert. Diese Umsetzungsidee hatten wir von Susanne Falkson entlehnt, die ganz offensichtlich extrem erfolgreich solche großen Projekte mit großen Gruppen realisiert hat – zwei Mal gewann sie mit einer Klasse den Bundessieg beim Geschichtswettbewerb des Bundespräsidenten.

3.1.2 Risikomanagement

In einem Projekt werden zahlreiche Entscheidungen getroffen, die zum Teil weitreichende Auswirkungen haben können, manchmal sogar das Scheitern des gesamten Projekts. Es geht insofern um die oben genannte Frage 6: „Was könnte schiefgehen?"

Man kann diese Risiken nicht ausschließen, sie gehören zu Projekten. Jakoby bringt es auf den Punkt: „Die Unsicherheit ist [...] ein ständiger Begleiter in Projekten." (Jakoby 2015, 103). Die entscheidende Frage ist nur, wie man mit diesen Risiken umgeht, dies bezieht sich einerseits darauf, ob man sie im Vorfeld bzw. im Laufe des Projekts erkennt. Unter dem „Risikomanagement" ist dabei das strukturierte Vorgehen zu verstehen, bezogen auf fünf Teilprozesse:

- Risiko-Identifikation,
- Risiko-Bewertung,
- Risiko-Minderung,
- Eventualfallplanung,
- Risiko-Überwachung.

Bezogen auf Schulprojekte bedeutet dies: Die Frage danach, was schiefgehen könnte, lässt sich mit diesen fünf Teilkriterien analysieren. Die Schüler/innen können dabei die eigentliche Frage nach diesen fünf Kriterien bearbeiten. Manchmal mag dieses Risikomanagement vielleicht übertrieben wirken, man sollte dabei aber immer bedenken, dass es bei der Projektarbeit eben darum gehen muss, den Blick für Gesamtprozesse sowie ihre Teilprozesse, in diesem Fall negative Eventualitäten, zu schärfen.

Erläutert sei dies an einem Beispiel: Mit Schüler/innen realisieren wir ein Lokalfernsehen, sie bekommen meist eine gewisse Unterrichtszeit zur Verfügung gestellt, in der sie z.B. zwei Sendungen à drei Minuten realisieren müssen. Die Schüler/innen kommen dabei auf tolle Ideen, deren Realisierung sich bisweilen im Vorfeld aber als schwierig darstellt, beispielsweise mit Personen der Öffentlichkeit. Die haben wenig Zeit und evtl. keine Motivation, den jungen Filmern ein Interview zu geben. Planen die Schüler/innen nun diesen Beitrag fest ein, gehen sie ein hohes Risiko ein, dass der Beitrag nicht realisiert wird. Mit der strukturierten Planung werden sie nun zwangsläufig darauf gestoßen, dass sie ein hohes Risiko eingehen. Sie brauchen also auf jeden Fall einen Plan B als Alternative.

3.1.3 Kostenmanagement: Wie viel Aufwand ist erforderlich?

Normalerweise setzen sich die Kosten bei einem Projekt aus Material- und Personalkosten zusammen. Bei Schulprojekten werden es zumeist eher die Personalkosten sein, dabei natürlich nicht monetär, sondern ausgedrückt in Arbeitszeit. Das heißt, die Schüler/innen sollten lernen, den Arbeitsaufwand für ein Projekt abzuschätzen. Lernen sie dies in einem Projekt, haben sie für ihre Zukunft viel mitgenommen. Falls Materialkosten anfallen sollten, gerade bei Schülerfirmen ist das häufig der Fall, dann können per Recherche im Internet sowie im Handel vor Ort die Preise für die notwendigen Produkte leicht in Erfahrung gebracht werden.

3.1.4 Projektsteuerung und Qualitätsmanagement

Bei der Projektsteuerung wird u.a. der Fortschritt des Projekts kontrolliert. Läuft alles so wie geplant oder gibt es Probleme? Dann sollte steuernd eingegriffen werden. Für die Schüler/innen ist der Vorteil, dass sie versuchen, den Überblick über das Projekt zu behalten.

3.1.5 Projektleitung

Mit dem Projektunterricht wird zumeist auch der Anspruch des demokratischen Lernens verbunden. (Gudjons 1994, 74) Im Projektmanagement spielt dies, was nicht sonderlich verwundert, keine Rolle, Effizienz ist meist ein entscheidendes Kriterium.

Bei Schulprojekten muss selbstverständlich die Frage der Organisation eine Rolle spielen. Oft läuft die Organisation ungeplant, bisweilen anarchisch und mit der Durchsetzung von gewissen Schüler/innen, die die Arbeit in die Hand nehmen. Nun können sehr wohl auch weitgehend unkoordinierte Projekte manchmal gelingen, gelernt haben die Schüler/innen über Organisationsprozesse dann aber kaum etwas.

Die Aufgabe der Projektleitung bietet eine gute Möglichkeit der Binnendifferenzierung. Man kann die Projektleitung an diejenigen delegieren, von denen man meint, dass sie in diesem Bereich besonders gefördert werden sollten. Das geht manchmal schief, manchmal klappt es aber auch ganz hervorragend. Ein Praxisbeispiel: Eine zurückhaltende und schüchterne Schülerin hatte ich bei der Entstehung eines Schülerfirmenprojekts gefragt, ob sie die Koordination der Firma übernehmen würde. Mein Hintergedanke: Sie fördern, indem sie in die Verantwortung genommen wird. Das Ergebnis überzeugt: Sie ist deutlich weniger zurückhaltend, kann sehr gut organisieren und hat einen bemerkenswert strategischen Blick auf Organisationsprozesse entwickelt.

In diesem Fall wurde die Leitung der Schülerfirma formal von den Mitgliedern beschlossen. Es hätte insofern auch anders ausgehen können, wobei das Argument der Lehrkraft eine große Bedeutung hat. Man agiert also in einem Spannungsfeld von bestmöglicher Förderung und der Freigabe von Entscheidungen an die Schüler/innengruppe und damit demokratischen Prozessen.

Man kann die Organisationsfrage auch in den Schüler/innengruppe gänzlich öffnen. So sollten sie die Argumente notieren, die dafür sprechen, nur eine/n Koordinator/in zu haben und welche dagegen sprechen. Oder sollen sie evtl. alle Entscheidungen während des Projektes basisdemokratisch treffen? Nach dem Abwägen der Argumente treffen sie eine begründete Entscheidung und testen, ob sie gut funktioniert. Im Nachhinein zu reflektieren, ob die Organisationsform die richtige ist, ist mehr als sinnvoll. Oft wird wieder über Strukturen reflektiert, zu welchem konkreten Ergebnis die Schüler/innen auch immer kommen mögen. Nicht selten wird es so sein, dass sie klare und große Hierarchien ablehnen, allein schon deswegen, weil selten jemand aus der Peergroup akzeptiert wird, der eine exponierte Stellung einnimmt.

3.1.6 Die Basisvariante der klassischen Projektorganisation

Für den Anfang oder wem die Fragen der Risikobewertung usw. zu umfangreich sind, dem kann eine vereinfachte Variante helfen. Drei Fragen sind für die Projektplanung entscheidend, die sich Schüler/innen einfach merken können und auf die immer wieder hingewiesen werden sollte:

1. *Was* muss getan werden? Hier muss so kleinschrittig wie möglich notiert werden, welche Aufgaben bearbeitet werden müssen. Gerade durch dieses möglichst kleinschrittige Aufschreiben lernt man, den Umfang von Projekten deutlich besser abzuschätzen, da die meisten Aufgaben nicht gesehen werden. Ein Beispiel: Wenn Schüler/innen eine Veranstaltung planen, dann besteht allein die Termin- und Raumfrage aus mehreren Arbeitsschritten, u.a.: interne Terminabsprache, mit dem Stundenplanmacher klären, ob der Raum an dem vereinbarten Termin frei ist (möglichst mehrere Termi-

ne anbieten), ggf. mit Fachlehrkräften sprechen, falls die oft diesen Raum benutzen bzw. für ihn verantwortlich sind, Abgleich mit dem Terminplan für Klassenarbeiten, Ausflüge und Klassenfahrten, Klärung, inwiefern der Raum hergerichtet werden muss, Klärung der Zeiten, wann dies geschehen soll und wer das macht, Gleiches gilt für den Abbau usw.

2. *Wer* soll es tun? Nach dem ersten Schritt sind die Aufgaben dann einfach auf die Gruppenmitglieder zu verteilen. Damit hat die Gruppe zugleich die Möglichkeit, Aufgaben möglichst gerecht zu verteilen, sodass ein Effekt vermieden wird: Einer macht alles, andere ein bisschen und wenige gar nichts.
3. *Bis wann* soll es getan werden? Hier wird notiert, bis wann das einzelne Gruppenmitglied seine Aufgaben jeweils erledigt hat. So haben die Leitung und die Gruppe zugleich einen Überblick darüber, wer wie viel von den Aufgaben bisher bearbeitet hat.

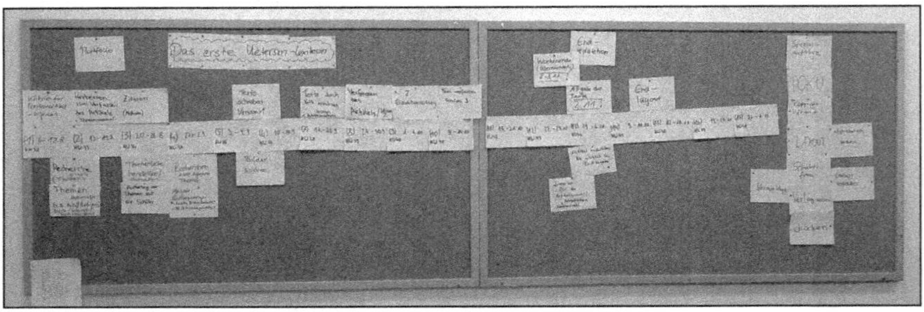

(Foto: Doris Schmidt)

Auf dem Arbeitsblatt mit den genannten drei Spalten lässt sich eine vierte ergänzen, die kann die Lehrkraft nutzen, um zu notieren, ob die Schüler/innen jeweils ihre Aufgaben erledigt haben. Damit ist es viel leichter möglich, Gruppenprozesse zu bewerten, das ist häufig für die Lehrkräfte ein Problem, da ihnen ein tieferer Einblick in die Gruppenprozesse fehlt.

Zusätzlich zu diesem einfachen Verfahren empfiehlt sich noch der genannte Zeitstrahl mit den Meilensteinen. Hierfür ist es zielführend, wenn man mit den Schüler/innen einmal gemeinsam aufschreibt, wie viele Termine sie in dem Unterricht bis zur Abgabe zur Verfügung haben. Erst dann können sie die zur Verfügung stehende Zeit überblicken. Es hat sich gezeigt, dass dies für alle Schüler/innen sehr hilfreich ist.

3.2 Einfach und effektiv: die Kanban-Methode (agiles Projektmanagement)

Den zweiten methodischen Zugang stellt die Kanban-Methode dar. Sie wird zwar in schulischen Kontexten fast gar nicht verwendet, hat aber Vorzüge, die viele Probleme von Gruppen- und Projektarbeit beseitigen können. So bringt sie große Transparenz in die Arbeitsprozesse der Schüler/innen, die fehlt oft und stellt die Lehrkräfte vor die schwierige Aufgabe einer gerechten Bewertung der Einzelleistungen. Die Transparenz gilt zugleich für das Team der Schüler/innen, das sich am Beginn auf eine Aufteilung der Arbeit einigt und insofern die einzelnen Aufgaben gerecht und ggf. nach Interessen und Fähigkeiten verteilt – ggf. muss die Lehrkraft hier beratend nachsteuern. Dies schränkt die Gefahr der ungerechten Arbeitsverteilung deutlich ein, von der Schüler/innen immer wieder berichten. Selbst wenn das Produkt nicht realisiert wird, ist es mit dieser Methode dennoch möglich, bei der Bewertung leicht zu differenzieren. Ein weiterer Vorteil ist, dass Kanban auf flache Hierarchien setzt und selbstorganisierte Teams ermöglicht.

Das Kompositum Kanban stammt aus dem Japanischen und heißt wörtlich „Signalkarte" (Kan: Signal, Ban: Karte). Das Prinzip wurde erstmals bei Toyota eingeführt (Dickmann 2015, 12). In schulischen Projekten sollten am Beginn in einer zweispaltigen Tabelle erstens alle Aufgaben, die das Projekt umfasst, gesammelt und zweitens mit Arbeitseinheiten versehen werden. Diese kann z.B. 15 Minuten umfassen. Wird für eine Aufgabe beispielsweise eine halbe Stunde veranschlagt, dann ergeben sich hieraus zwei Einheiten. Wichtig ist auch, dass die einzelnen Aufgaben so kleinschrittig wie möglich notiert werden, damit die Schüler/innen es lernen, Arbeits- und damit den Projektumfang schätzen zu können.

Schon an dieser Stelle kann der geplante Umfang der Arbeit mit der zur Verfügung stehenden Zeit abgeglichen werden, sodass die Schüler/innen bei gut durchdachter Planung überblicken, ob ihr Vorhaben überhaupt realistisch ist.

Anschließend werden die Aufgaben durch die Gruppe selbst gerecht aufgeteilt, das heißt Schüler/in 1 übernimmt Aufgaben in dem Umfang wie Schüler/in 2 und Schüler/in 3 usw. Nun folgt die Übertragung auf das Kanban-Board, das für die Methode zentral ist, denn hier wird der geplante Prozess für alle, also auch für die Lehrkraft, transparent gemacht. Die Gestaltung des Boards kann an die jeweiligen Anforderungen angepasst werden, hier wird ein mögliches Modell für die unterrichtliche Arbeit vorgestellt.

Das Kanban-Board kann ein Plakat im Format DIN A2 oder DIN A1 sein, es lässt sich z.B. in vier Bereiche aufteilen. Im oberen befindet sich das Backlog, hier werden alle Aufgaben gesammelt. Dafür fertigen die Schüler/innen Post-its an, dabei sollte jede Schülerin und jeder Schüler eine bestimmte Farbe der Haftzettel verwenden. Das heißt, jede Aufgabe von Schüler/in 1 wird auf einen einzelnen Zettel ihrer Farbe geschrieben, dazu gut sichtbar die Anzahl der Arbeitseinheiten. Genau so verfahren die anderen Schüler/innen der Projektgruppe.

Der untere Bereich lässt sich unterschiedlich einteilen. Bei der einfachsten Variante gibt es hier zwei Felder: 1. „Today“: Alle Aufgaben, die an dem jeweiligen Tag erledigt werden sollen. 2. „Done“: Alle Aufgaben, die erledigt wurden. Das heißt, die Haftzettel werden vom Backlog weggenommen und in das Feld „Today“ geklebt, wenn sie an dem jeweiligen Tag bearbeitet werden sollen. Ist diese Aufgabe erledigt, wird der Zettel ins Feld „Done“ geklebt.

Im unteren Bereich lassen sich auch weitere Felder einfügen, beispielsweise „Ready“ für die Arbeit, die gestartet werden kann, oder die in einem bestimmten Zeitfenster wie einer Woche oder einem Monat bearbeitet werden sollen. Diese Bereiche auf dem Board können dann jeweils auch die Meilensteine ersetzen, das heißt, es ist allen Beteiligten klar, in welchem Zeitfenster welche Aufgaben von wem zu erledigen sind. Praktisch ist bei der Methode auch, dass neue, im Projektprozess erst entstehende Aufgaben schnell durch weitere Haftzettel ergänzt werden können, das System ist insofern sehr flexibel.

Das einfache Prinzip der Methode überzeugt auch in der Praxis: Der Arbeitsablauf ist für alle Beteiligten visualisiert, auch die Lehrkraft erkennt innerhalb weniger Sekunden, inwiefern es in einer Projektgruppe Probleme gibt oder alles gut läuft. Zudem kann sie durch die fachliche Kennzeichnung der Haftzettel leicht erkennen, an welcher Person das Problem mit großer Wahrscheinlichkeit liegt. Für die Schüler/innen ist bei kleinportionierten Arbeitsschritten zugleich schnell ein Teilerfolg sichtbar, sie können erkennen, dass sie etwas geschafft haben. Zudem wird die laufende Arbeit begrenzt. Die flachen Hierarchien sind ein weiteres Kennzeichen, jeder nimmt sich seine Aufgaben selbstständig (Pull-System), symbolisiert durch die Heftzettel. Macht und Verantwortung liegen somit beim Einzelnen. (Dickmann 2015, 118 f.) Ein Vorteil ist hier auch, dass Aufgaben entsprechend der Fähigkeiten verteilt werden können.

Ein Board sollte entsprechend der üblichen Größe von Gruppen in der Regel für nicht mehr als fünf Personen sein. Arbeitet eine ganze Klasse an einem Projekt, können für Teilgruppen einzelne Kanban-Boards erstellt werden.

Abschließend sollte noch erwähnt werden, dass man bei den Haftzetteln möglichst die Originale bzw. die kaufen sollte, die tatsächlich auch länger haften. Dies ist leider nicht bei allen Produkten der Fall.

4. Das Projekt bekannt machen

Projekte zielen immer auf Ergebnisse und diese Ergebnisse werden häufig präsentiert. Das heißt zugleich, dass man zumindest bei einer öffentlichen Präsentation jenseits des Klassenraums für sein Projekt eine möglichst große Aufmerksamkeit erreichen will. Wenn man das anstrebt, dann ist eine systematische Öffentlichkeitsarbeit wichtig. Es ist dabei gleichgültig, ob man möglichst viele Besucher in eine Ausstellung oder in eine Theateraufführung holen will, einen Film oder das Produkt einer Schülerfirma bekannt machen will. Überall ist das Ziel, eine möglichst breite Wirkung zu haben. Pressearbeit kann dabei zum einen dafür sorgen, viele Menschen für das Produkt oder die Idee unmittelbar zu interessieren, zum anderen kann das Ziel sein, sie mittelbar zu erreichen. Beispielsweise kann durch die Presseberichterstattung nach einer organisierten Podiumsdiskussion die Diskussion und damit das eigentliche Thema vielen Menschen noch einmal nähergebracht werden.

Die Pressearbeit von den Schüler/innen durchführen zu lassen, ist sehr wichtig, denn durch das praktische Tun können sie lernen, worauf sie zu achten haben. Einige Hinweise und Ratschläge sollen nun gegeben werden.

4.1 Welche Veröffentlichungs- und Presseorgane gibt es?

Meist unterschätzt, aber dennoch wichtig ist die Suche nach den Möglichkeiten, das Projekt in der Presse bekannt zu machen. Die entsprechende Liste mit vorhandenen Medien kann man mit den Schüler/innen gemeinsam zusammentragen. Oft fallen ihnen nur einige wenige ein, obwohl sie eigentlich alle kennen (müssten). Bei manchen Organen meinen sie manchmal, dass das eh nichts bringe. Man kann dem nur entgegnen, was dagegen spreche, es auch über diesen Weg zu versuchen. Der zusätzliche Aufwand ist meist sehr gering, beispielsweise wenn man eine Pressekonferenz organisiert oder einen Pressetext schreibt. Eine E-Mail mehr wäre der Aufwand, sodass es keine wirklichen Gründe gibt, auf gewisse Presseorgane zu verzichten.

Die vorhandenen Medien und Kanäle beziehen sich in der Regel auf die lokale Presse sowie auf die Schulmedien, beispielsweise die Schülerzeitung, die Schulzeitung, die Internetseite der Schule usw. Die Stadt des Schulstandorts hat zumeist auch eine Internetseite, man könnte bei der Verwaltung anfragen, ob sie Entsprechendes (z. B. die Ankündigung einer Veranstaltung) auf ihrer Internetseite veröffentlichen. Grundsätzlich gilt: Je kleiner die Stadt, desto wahrscheinlicher ist es, dass sie etwas veröffentlichen. Gleiches gilt für die Parteien vor Ort, vor allem bezüglich politischer, wirtschaftlicher oder historischer Themen. Darüber hinaus können die Schüler/innen über ihre Kanäle versuchen, das Produkt bekannt zu machen.

Hat man eine Liste mit den entsprechenden Veröffentlichungsmöglichkeiten erarbeitet, können die Adressen herausgesucht und die Ansprechpersonen angeschrieben werden. Manchmal empfiehlt sich auch der telefonische Kontakt, dies hat auch den Vorteil, dass Schüler/innen lernen, mit fremden Menschen Kontakt aufzunehmen und ihre Interessen in Echtzeit zu artikulieren. Vor solchen Gesprächen können die Telefonate in Rollenspielen geübt werden.

4.2 Pressekonferenz

Gerade in kleinstädtischen Regionen kann es lohnend sein, die Presse einzuladen – dort ist die Wahrscheinlichkeit recht groß, dass deren Vertreter/innen kommen. Der Vorteil daran ist, dass die Schüler/innen sich darauf vorbereiten müssen, lernen, mit solchen Situationen umzugehen: Vor außerschulischen Vertreter/innen müssen sie etwas präsentieren. Ratsam ist es hier, dass sich die Schüler/innen gewisse schlagkräftige Formulierungen zurechtlegen. Die sollten vorbereitet werden, ansonsten geht man ein gewisses Risiko ein. Dabei muss eine misslungene Pressekonferenz aus Gründen des Lernens nicht schlecht sein, wie immer können gerade Fehler durchaus weiterbringend sein.

Ein Beispiel: Eine Klasse hatte sich mit dem demographischen Wandel beschäftigt und wollte dann eine „Konferenz der Generationen" organisieren, zu der möglichst viele Bürger/innen der Kleinstadt kommen sollten. Ziel der Konferenz sollte es sein, einen Diskussionsprozess zu initiieren und mit zu entwickelnden Projekten die Generationen vor Ort zusammenzubringen, insofern den demographischen Wandel lokal zu gestalten (siehe Kap. III. 1. 1.).

Die Schüler/innen waren nicht sonderlich gut vorbereitet, konnten mehrere Fragen der Pressevertreter nicht angemessen beantworten. Nun ist es selten so, dass die Lokalberichterstattung kritisch ist, vor allem wenn es um Schülerprojekte geht, ist sie noch positiver. In diesem Fall gab es auch zwei positive Berichte, die über die mäßige Präsentation hinwegsahen, ein weiterer Bericht benannte aber zugleich die Präsentationsschwächen.

In der Folge bot dies nicht nur einen willkommenen Anlass, sowohl über die Pressekonferenz der Schüler/innen als auch über die Rolle der Medien im demokratischen Staat zu reflektieren. Ein Ergebnis davon: Am realistischen war der für uns wenig schmeichelhafte Artikel.

Kriterien für das Verfassen von Zeitungsberichten

Allgemein

- ☐ Satzbau: Achte darauf, dass dem Leser ein flüssiges Durchlesen des Textes ermöglicht wird: keine Hypotaxen (lange Satzgefüge mit mehreren Nebensätzen)! Die Sätze umfassen nicht mehr als 12–14 Wörter.
- ☐ Perspektive: Die Wörter „ich" und „wir" werden nicht verwendet, außer bei Zitaten.
- ☐ Dem Text liegt mindestens ein Foto bei.

Die Überschrift

- ☐ Die Überschrift soll Lust darauf machen, den Text zu lesen.
- ☐ Schreibe eine kurze und zugespitzte Überschrift. Sie enthält die wichtigste Nachricht, sodass die Leser sofort erkennen, worum es geht. Du kannst auch eine zweite Überschrift formulieren.

Der Text

- ☐ Anfang: Schilderung einer besonders einprägsamen Szene oder eines Menschen, der mit dem Thema zu tun hat. Ein prägnantes Zitat eignet sich ebenso. Der Anfang kann auch etwas schildern, das in der Mitte oder am Ende des Ereignisses stattfand.
- ☐ Zweiter Absatz (dritter oder vierter Satz): Sag direkt, worum es in dem Artikel geht. Beantworte die wichtigsten W-Fragen: Wer, was, wann, wo, warum, wie oft, wie?
- ☐ Schreib Einzelheiten zur Nachricht in die Textmitte.
- ☐ In der Mitteilung finden sich wörtliche Zitate von den Beteiligten. Achte darauf, dass es eine zugespitzte, verständliche und lebendige Äußerung ist.
- ☐ Nenne unbedingt weitere Informationsadressen im Internet und die Kontaktdaten der Ansprechpartner, die für Nachfragen zur Verfügung stehen.
- ☐ Der Text wurde nach der Fertigstellung Korrektur gelesen.

4.3 Werbefilme und Kino-Werbung

Es wird nicht für viele Schülerprojekte Beispiele geben, bei denen die Schüler/innen im Kino dafür geworben haben. Hier sei nur eines genannt und es zeigt, dass wir Lehrer/innen von unseren Schüler/innen immer wieder etwas lernen können und nicht zu skeptisch gegenüber scheinbar Unrealistischem sein sollten.

Zu dem Lexikon-Projekt (IV. 1. 4.) gründete sich eine Schülerfirma, die sich um Vermarktung und Vertrieb des Buches kümmern wollte. Einer der beteiligten Schüler sprach mich an und meinte, dass sie einen Werbespot für das Kino drehen wollten. Ich war äußerst skeptisch, dachte mir, dass dies nie etwas werde, äußerte verhalten meine Skepsis, aber ließ ihn und seinen Mitstreiter/innen ihre Idee umsetzen. Das heißt, neben dem Film selbst (Konzept erarbeiten, Interviewpartner suchen usw.) mussten sie sich u.a. auch um die Rechte für die Musik kümmern und mit dem örtlichen Kinobesitzer verhandeln. Kapital gab es für die Werbung nicht, die Schüler/innen mussten also Überzeugungsarbeit leisten, dass dieses Projekt überaus wichtig für die Stadt sei. Und es gelang ihnen. Der Spot lief ungefähr zwei Monate im Kino. Auch hier gilt selbstverständlich: Je kleiner die Stadt, desto größer die Wahrscheinlichkeit, dass sich das Kino darauf einlässt. Darüber hinaus können solche Werbespots auch über Youtube veröffentlicht werden, der Lexikon-Spot ist dort zu sehen (https://www.youtube.com/watch?v=l7NyxldPe4c).

Man kann es nur wiederholen: Es ist sinnvoll, die Schüler/innen ihre Ideen verwirklichen zu lassen. Vielleicht haben wir Lehrer/innen am Ende zumeist Recht, in mehreren Fällen aber eben auch nicht. Allein diese Fälle sind es wert, es zu versuchen, die jungen Menschen sich ausprobieren zu lassen. Und wenn es nicht klappt, sollte eine ausführliche Analyse erfolgen, warum das Vorhaben gescheitert ist. Abgesehen davon konnte die Motivationsforschung nachweisen, dass gerade das Autonomieerleben, die erlebte Eigenständigkeit für die Schüler/innen ein zentraler Motivationsfaktor ist (Deci und Ryan 1993).

4.4 Presseerklärung und Presseartikel

In vielen Lokalredaktionen wurde die Personaldecke extrem zusammengestrichen. Mit weniger Personal soll nunmehr täglich eine Zeitung gefüllt werden, vom Umfang und der Qualität am besten so wie sie zuvor war. Das kann kaum funktionieren. Insofern versteht es sich von selbst, dass die Lokalredakteure gerne Artikel veröffentlichen, die für die Leser/innen zwar interessant sind, für sie selbst aber wenig Aufwand bedeuten. Auch wenn dies kommunalpolitisch tragisch ist, lassen sich dennoch Schlussfolgerungen für die schulische Arbeit ziehen: Am besten verfassen die Schüler/innen selbst einen Beitrag, und zwar so, dass die Redaktionen ihn weitgehend übernehmen. Die Artikel sollten also handwerklich möglichst gut gemacht sein. Dabei gilt: Gute Pressearbeit ist kein Zauberwerk, sondern Handwerk.

Zwar kann die journalistische Schulung der Schüler/innen selbstverständlich im Zentrum eines Projekts stehen (siehe Kap. III. 1. 3. 4.), zumeist ist sie aber nur ein Teil eines Projekts. Manche Regeln gilt es beim Verfassen der Pressetexte zu beachten, die die Veröffentlichungswahrscheinlichkeit extrem erhöhen. Mögliche Kriterien findet man in der Checkliste (siehe Abb.), einige zentrale Punkte davon seien hier näher erläutert:

1. O-Töne: Sie sind für die Presseberichte von entscheidender Bedeutung. Durch sie wird der Text lebendiger, die erzählte Geschichte anschaulicher. Dies gilt umso mehr, wenn es sich um Schülerarbeiten handelt. Denn was macht es für die Zeitung reizvoll, beispielsweise über eine Schülerfirma zu berichten, die umweltfreundliche Schreibwaren verkauft? Vielleicht ist es für die Leser/innen interessant, dass sich dem Thema Nachhaltigkeit gewidmet wird, wobei man schon einwenden kann, dass diese Produkte in jeder Kleinstadt auch so zu erwerben sind. Entscheidend wird vielmehr sein, dass es junge Menschen sind, die hier aktiv sind. Vielleicht kommt noch dazu, dass sie sich dem Thema Nachhaltigkeit widmen, möglicherweise auch, dass sie sich dem ökonomischen Lernen verschrieben haben. Es bleibt aber wichtig, dass es eben die Schüler/innen sind, die die Geschichte besonders machen. Das heißt, man braucht O-Töne von ihnen, also Zitate, prägnante Aussagen über das Projekt. Ein Beispiel könnte sein: „Der siebzehnjährige Christoph Maier fasst seine Erfahrungen so zusammen: ‚Durch meine Arbeit in der Schülerfirma habe ich gelernt, dass ökonomischer Erfolg und nachhaltiges Wirtschaften kein Widerspruch sind.'" Anhand dieser Aussage erfährt der Leser gleich drei Punkte: 1. Schüler sind in einer Firma aktiv, die sich in irgendeiner Form nachhaltigen Produkten verschrieben hat und die, so behauptet zumindest dieser fiktive Schüler, erfolgreich sei.
   Man muss an diesen O-Tönen feilen, bis sie wirklich passend und prägnant zugleich sind. Bei der Arbeit mit den Schüler/innen ergibt es insofern Sinn, sie immer wieder zu fragen, welche Aussage sie mit dem Pressetext und auch mit den jeweiligen O-Tönen erreichen wollen. Als Kontrollfrage könnte dienen: Ist der O-Ton weitgehend belanglos oder tatsächlich zielführend?
   Oft tritt als Problem auf, dass sich niemand dazu bereit erklärt, einen O-Ton zu liefern. Wenn dem so sein sollte, sollte man mit den Schüler/innen dieses Problem besprechen und die Alternativen aufzeigen: Wie lautet unser Ziel? Eine erfolgreiche Schülerfirma aufzubauen? Wie erfahren die Kunden von unserem Produkt? Flyer, Plakate, soziale Netzwerke und Pressearbeit!
   Man kommt um die Pressearbeit kaum herum. Ein Hinweis auf die jeweilige Auflage der Lokalzeitung kann hier schnell überzeugen: In Uetersen hat die Tageszeitung eine Auflage von rund 3000 Exemplaren (Stand: August 2017), das entspricht nach Verlagsangaben ca. 15 000 Leser/innen. Auch wenn es natürlich an der Zielgruppe der Schülerfirma liegt, versteht es sich

von selbst, dass es wichtig ist, entsprechend medial präsent zu sein. Die Alternative: Die Schülerfirma gibt sich in der Planung, Produktion usw. viel Mühe, macht aber entsprechend ihrer Zielformulierung einen entscheidenden Fehler: keine ausreichende Medienarbeit. Dann kann man nur noch auf die Einsicht der Schüler/innen hoffen.

2. Ein guter Anfang des Pressetextes: Aus verschiedenen Untersuchungen zum Lesen journalistischer Texte weiß man, dass sich in den ersten wenigen Zeilen herausstellt, ob der Artikel weitergelesen wird oder ob man sich einem anderen widmet. Insofern ist es entscheidend, den Lesenden gleich zu Beginn für das Thema zu interessieren. Dies kann beispielsweise über einen O-Ton erfolgen, es kann aber auch eine besonders einprägsame Szene geschildert werden, die von dem Thema erzählt. Bei unserem Beispiel: Man könnte eine Szene von der Arbeit der Schüler/innen in ihrer Schülerfirma kurz beschreiben.
   Erst hiernach werden in einem zweiten Absatz die W-Fragen beantwortet: Wer? Wo? Was? Wann? Wie? Warum? Das heißt, hier erfährt der Leser das, worum es konkret geht.
3. Die Sprache sollte möglichst schnörkellos, nicht zu kompliziert sein. Gerade die Leser/innen der Kommunalpresse lesen die Artikel häufig nebenbei, beispielsweise während des Frühstückens. Konkret heißt dies: Verzicht auf verschachtelte Sätze, kurze Sätze formulieren (maximal 14 Wörter pro Satz). Abgesehen von den O-Tönen sollte auf Formulierungen in der ersten Person verzichtet werden.
4. Foto: Bilder erwecken bei den Leser/innen immer Aufmerksamkeit. Insofern sollten aussagekräftige Fotos mitgeschickt werden. Wichtig: Nicht nur die Schüler/innen sollten einverstanden sein, dass das Foto ggf. in der Zeitung abgedruckt wird, sondern bei Minderjährigen auch die Eltern.

III. Projektarbeit und Forschendes Lernen in den Fächern

1. Politik

Das folgende Kapitel widmet sich Projekten im Fach Politik. Als erstes wird eine Idee für Projekte vorgestellt, die sich auf vielfältige Themen übertragen lässt: Schüler/innen organisieren eine Konferenz zu einem bestimmten Thema. Danach werden Möglichkeiten für Projekte auch im Bereich des Forschenden Lernens skizziert, die sich auf die Schule als Untersuchungsfeld beziehen. Im dritten Teil folgt die ausführlichere Beschreibung eines Projekts, bei dem die Schüler/innen empirisch gearbeitet haben. Im methodischen Zugriff soll dieses Projekt zugleich Ansätze für andere Themen bieten. Am Schluss werden noch weitere Projektideen für den Bereich Politik kurz skizziert.

1.1 Entwicklungsprozesse initiieren und begleiten: das Konzept der Konferenzorganisation

Projekte im engeren Sinne sind zeitlich begrenzte Vorhaben. Sie sind einmalig und meist kein Teil des Schulenwicklungsprozesses, der nicht den Unterricht einer Lehrkraft in den Blick nimmt, sondern die strukturellen Veränderungen der Institution gestaltet. Einzelprojekte können jedoch der Ausgangspunkt solcher Entwicklungsprozesse sein, auch Teil dessen, wenn sie institutionalisiert, z.B. curricular verankert und nicht auf eine alleinige Lehrkraft zugeschnitten sind.

Eine Möglichkeit, einen solchen Prozess für die Schule, eine Jahrgangsstufe oder auch die Kommune anzustoßen, stellt der Ansatz der Konferenzorganisation dar. Die Lerngruppe könnte sich beispielsweise auf ein Thema einigen, das sie für bedeutend hält. Dann müsste sie die gefragten Akteure, entweder die Gruppen der Schule oder auch innerhalb der Kommune, einladen, eine schlagkräftige Werbekampagne für die Konferenz organisieren, mit den Medien zusammenarbeiten und sie für sich gewinnen, den Ablauf strukturieren und vor allem auch die Weiterarbeit durchdenken. Eine solche Konferenz kann beispielsweise zu der Frage organisiert werden, wo die Schule in fünf Jahren stehen will und wie die Ziele erreicht werden können.

Die große Gefahr bei solchen Konferenzen besteht darin, dass viele Ideen entwickelt, sie aber später nicht weiterverfolgt werden und wieder verschwinden. Problematisch ist es zwar nicht, wenn manche Ideen nicht realisiert werden, „Pleiten“ gehören wie bei Unternehmensgründungen zum Gesamtprozess dazu (siehe Kapitel III.2), es sollten aber einige Ideen tatsächlich realisiert werden. Insofern muss strategisch geplant werden.

Im Folgenden werden zwei praxiserprobte Ideen vorgestellt, die Einblick in solche Konferenzorganisationsprozesse geben. Sie sind beispielhaft zu verstehen, solche Konferenzen als Projekte einer Lerngruppe lassen sich auf beliebige Themen übertragen.

Beispiel 1: Konferenz der Generationen

Der demographische Wandel stellt viele westliche Gesellschaften vor große Herausforderungen. Immer mehr Ältere stehen weniger Jüngeren gegenüber. Die Gesellschaft verändert sich. Auch wenn in der öffentlichen Debatte häufig der Fokus auf mögliche negative Folgen gelegt wird, so dokumentieren die vielen Älteren vor allem auch: Das Ziel, den Menschen ein möglichst langes Leben zu ermöglichen, wird mehr und mehr Realität.

Im Unterricht wird das Thema zumeist analytisch aufgegriffen, Vor- und Nachteile werden analysiert – obwohl die Vorteile vermutlich weit weniger ausgebreitet werden –, politische Lösungswege werden diskutiert. Handlungsorientierung ist meist nicht vorhanden. Dabei ist zu fragen, ob dieser Herausforderung tatsächlich nur auf der Makro-Ebene der Politik begegnet werden kann. Vielmehr stellt sich auch die Frage nach zivilgesellschaftlichen Aktivitäten: Was kann der Einzelne möglicherweise machen, damit es nicht zum Auseinanderdriften der Gesellschaft in Jung und Alt kommt?

Aus der Beschäftigung mit dem demographischen Wandel im Unterricht erwuchs die Idee, in der Kleinstadt Uetersen Aktivitäten zu generieren, die dafür sorgen, dass die einzelnen Generationen gemeinsam aktiv werden, um zusammenfinden. Die Idee für eine „Konferenz der Generationen“ entstand, bei der alle potentiell Aktiven zusammenkommen sollten. Die Schüler/innen übernahmen die Aufgabe, die Konferenz zu organisieren.

Beispiel 2: Flüchtlingskonferenz

Die Flüchtlingssituation vor allem in den Jahren 2015/16 hat einige europäische Staaten vor große Herausforderungen gestellt. Wenn die politische Lösung nicht sein soll, niemanden mehr ins Land zu lassen, ist hier eines klar geworden: Politische Lösungen können nicht allein auf der Ebene des Gesetzgebers und der Exekutivorgane herbeigeführt werden.

Unabhängig von der konkreten Flüchtlingsfrage stellte sich die Frage, wie die eigene Schule dazu beitragen kann, dass Menschen aktiv werden, sich einbringen, entweder in der Schule selbst oder auch in der Kommune.

Ziel beider Konferenzen war es, Diskussionsprozesse anzuregen und ggf. bürgerschaftliches Engagement zu initiieren. Zu der Konferenz der Generationen wurde die ganze Kommune eingeladen, zu der Flüchtlingskonferenz die Schulgemeinschaft, also vor allem Schüler/innen, Lehrer/innen und Eltern (Zankel 2013, 54 f.)

Hier soll nun dargestellt, wie man eine solche Konferenz organisiert. Sie kann auch im fächerübergreifenden Unterricht eingebunden werden, bei der Flüchtlingskonferenz waren beispielsweise neben Wirtschaft/Politik auch Deutsch und das Seminarfach beteiligt. Die hier angelegte Strukturierung des Organisationsprozesses kann auch auf andere Zusammenhänge und Fragen übertragen werden, beispielsweise kann es um schulinterne Fragen gehen, ebenso sind Fragen der Schulentwicklung möglich.

1.1.1 Organisation einer Konferenz[6]

Beide Konferenzen wurden von einer elften Klasse organisiert, grundsätzlich ist es aber auch möglich, dass jüngere Schüler/innen sich dieser Aufgabe widmen. Wichtig ist ein Überblick über die Aufgaben, damit nichts übersehen wird.

Die Schüler/innen orientierten sich dabei an den zentralen Fragen des klassischen Projektmanagements (Jacoby 2015, 1 f.). Zur Erinnerung, die wichtigsten lauten: 1. Welches Ziel hat die Konferenz? 2. Was muss getan werden, um das Ziel zu erreichen? 3. Wer übernimmt welche Aufgaben? 4. Bis wann sollen die Aufgaben erledigt werden? Neben diesen zentralen Fragen waren folgende noch wichtig: 5. Wie viel Aufwand ist für die einzelnen Punkte erforderlich? 6. Was könnte schiefgehen? 7. Läuft alles nach Plan?

Da das Ziel, die Initiierung möglichst vieler und nachhaltiger Projekte war, mussten im nächsten Schritt die zu erledigenden Aufgaben gesammelt, ein Termin für die Konferenz gefunden werden, um die zu erledigenden Aufgaben auf diesen Termin auszurichten und entsprechend unter den Schüler/innen zu verteilen. Hier nun ein Überblick über die zu erledigenden Aufgaben: Termin finden (Überschneidung mit anderen schulinternen Terminen bzw. denen in der Kommune vermeiden), Absprache mit der Schulleitung (auch um deren Unterstützung zu bekommen), Tagungsort organisieren, ggf. Referenten finden und einladen, Moderatoren auswählen (am besten welche aus der Organisationsklasse) und deren Aufgaben definieren, inhaltliche und zeitliche Strukturierung der Konferenz planen, Catering organisieren sowie die Finanzierung klären,

---

6 Der folgende Abschnitt basiert im Wesentlichen auf: Sönke Zankel: „Einen Zusammenhang herstellen zwischen der Schule und unserer Gesellschaft“. Schüler organisieren eine Flüchtlingskonferenz, in: Polis, Report der Deutschen Vereinigung für Politische Bildung, 1/2016, S. 21–25.

eine Werbekampagne entwickeln, damit möglichst viele potentielle Akteure kommen, sowie die rückblickende Presse- und Öffentlichkeitsarbeit planen. Bei größeren Konferenzen sollte die Technik organisiert werden: Mikrophon, Verstärker, Boxen usw.

Ganz wichtig ist es, auf die zeitliche Strukturierung zu achten, sowohl bezüglich der Planung der Konferenz als auch hinsichtlich des Konferenztags selbst. Diese einzelnen Punkte beinhalteten wiederum Unterpunkte, also Teilaufgaben. Für das Gelingen ist es notwendig, die Aufgaben so detailliert wie möglich festzuhalten, damit keine übersehen werden. Hier entstehen leicht Fehler.

Wenn die Liste der zu erledigenden Aufgaben feststeht, sollte fixiert werden, wer welche Aufgaben übernimmt und bis wann sie erledigt sein werden. Dabei ist zu empfehlen, einen Projektplan mit allen Aufgaben zu erstellen und ihn einsehbar für alle im Klassenraum aufzuhängen. Man kann ihn beispielsweise auch nach dem Zeitverlauf strukturieren und dann jeweils dazu schreiben, welche Aufgabe bis zu welchem Datum von wem erledigt sein soll.

Sinnvoll ist es auch, wenn einige Schüler/innen den Prozess kontrollieren (Nr. 7: Läuft alles nach Plan?) und die Lehrkraft insofern Verantwortung abgibt. Sie haben dabei auch die Aufgabe, beispielsweise bei den entsprechenden Schüler/innen nachzufragen, wenn diese mit ihren Aufgaben im Verzug sind.

1.1.2 Werbung und Öffentlichkeitsarbeit

Um eine solche Konferenz zum Erfolg werden zu lassen, ist es wichtig, eine möglichst schlagkräftige Informations- und Werbekampagne zu organisieren. Handelt es sich um eine schulinterne Konferenz, so empfiehlt sich:

- Alle Lehrkräfte schriftlich und persönlich einladen.
- Die entsprechenden Repräsentanten und damit Multiplikatoren der Schüler/innen sowie der Eltern (SV und Elternbeiräte) einladen.
- Innerhalb der Schule Plakatwerbung. Bei der Flüchtlingskonferenz ist die Klasse so verfahren: In einem ersten Schritt wurden viele farbige Plakate mit dem Schriftzug „#MeynBeitrag“ aufgehängt – eine inhaltliche Konkretisierung fehlte (Neugierde erzeugen). In einem zweiten Schritt kurze Zeit später wurde aufgeklärt, was sich hinter „#MeynBeitrag“ verbirgt: Die Konferenz wurde konkret beworben. Die Idee hatte offensichtlich gefruchtet, wenn man zumindest die Rückmeldungen der Schüler/innen betrachtet.
- Bekanntmachung in den einzelnen Klassen durch die Schüler/innen vom Organisationsteam. Hier sollte beachtet werden: Absprache mit den entsprechenden Kolleginnen und Kollegen, die dort Unterricht haben, das sollten die Schüler/innen übernehmen. Auch sollten gemeinsam Kriterien für

die Präsentation in den Klassen festgelegt und diese sollten eingeübt werden, um die ansonsten oft mäßige Qualität solcher Vorstellungen deutlich zu steigern.

- Bekanntmachung über die jeweiligen Schulmedien: Schulzeitung, Schülerzeitung, Internetseite der Schule, Schülerfernsehen. Als Beispiel für einen Werbespot sei auf den zur Flüchtlingskonferenz verwiesen: https://www.youtube.com/watch?v=_5bX_XOEF9M.

Richtet sich die Konferenz an die Kommune, dann sollten hier alle wichtigen Vereine, Verbände und Parteien eingeladen werden. Man kann zudem überlegen, ob die bzw. der Bürgermeister/in noch als Schirmherr/in auftritt, das könnte die Außenwirkung erhöhen. Zudem sollte die Presse informiert werden (siehe Kapitel II.4), hier sollte vorher genau überlegt werden, welche Presseorgane es in der jeweiligen Stadt gibt, dabei sollten auch die Veröffentlichungsorgane der Parteien, Vereine usw. nicht vergessen werden.

Zur Konferenz selbst sollte die Lokalpresse eingeladen sowie nach der Konferenz eine eigene Presseerklärung verfasst werden – der Text könnte zugleich auf die Internetseite der Schule gestellt werden. Ziel dieser Pressearbeit ist es, auf die jeweilige Problematik und den Umgang der Schule damit aufmerksam zu machen, einerseits in der eigenen Schulöffentlichkeit, andererseits auch darüber hinaus, beispielsweise bei anderen Schulen, um Nachahmungseffekte zu erzielen oder um für sich als Institution zu werben. Wichtig ist die Pressearbeit auch deshalb, damit die Schüler/innen erkennen, dass sie bei solchen Projekten ein wichtiger Bestandteil ist, wenn man eine breite Wirkung erzielen will. Sinnvoll ist es auch hier, den Schüler/innen Verantwortung zu geben, beispielsweise mit der Ernennung von Pressesprechern, die mit den Medienvertretern alles besprechen. Das gemeinsame Überlegen, was die Presse fragen könnte, ist hier hilfreich.

Zu empfehlen ist bei allen Schritten, als Lehrkraft die Schüler/innen lediglich zu beraten, um ihnen einen möglichst großen Gestaltungsspielraum einzuräumen.

1.1.3 Freiwilligkeit als Voraussetzung und Gelingensbedingung

Vorab einige Gedanken zum didaktischen Rahmen: Der Lernbereich Globale Entwicklung, um den es zumindest bei der Flüchtlingskonferenz ging, steht in einem gewissen Spannungsverhältnis. Er definiert ein normatives Konstrukt, das – trotz formulierter Einschränkungen – auch eine Wertorientierung und entsprechende Kompetenzen als Lernziele setzt (z. B.: „Mitverantwortung und Solidarität", Orientierungsrahmen 2015, 81 und 98). Zugleich ist – nach dem

Beutelsbacher Konsens – bei solchen Projekten das politikdidaktische Prinzip des Überwältigungsverbots zu beachten.

Vor der Planung der Flüchtlingskonferenz stand insofern für uns beteiligte Lehrkräfte eine zentrale Prämisse: Die Teilnahme an der Organisation der Konferenz musste freiwillig sein, bei fehlendem Interesse der Schüler/innen würde es sie nicht geben. Auch wenn die beteiligten Schüler/innen selbst „nur“ die Konferenz zur Initiierung von Flüchtlingsprojekten an der Schule organisieren und keine eigenen entwickeln sollten, kann dies doch als ein politisches Statement gewertet werden. So war es wichtig, den Schüler/innen sowohl von der unterrichtlichen Arbeit einen Ausweg zu bieten als auch ihnen glaubwürdig zu vermitteln, dass von Seiten der Lehrkräfte keine Beteiligung der Schüler/innen erwartet wird.

Daher stellten wir Lehrkräfte den Schüler/innen nicht nur die Idee vor, eine solche Konferenz zu organisieren, sondern auch zur Wahl stehenden Alternativen: 1. Ein Teil der Klasse organisiert die Konferenz, 2. Die ganze Klasse übernimmt die Organisation. 3. Die Konferenz wird nicht organisiert. Sollte sich z.B. nur ein Teil für die Organisation entscheiden, hätten sich die anderen dem rein analytischen Zugang der Flüchtlingsthematik stärker widmen können, beispielsweise im wissenschaftspropädeutischen Rahmen, indem sie z.B. die Konferenz hinsichtlich ihres Erfolgs evaluieren. Darüber hinaus wurde vorab klargestellt, dass für die beteiligten Schüler/innen die Organisation der Konferenz im Mittelpunkt steht und nicht die Organisation bzw. Gestaltung möglicher daraus entstehender Projekte.[7]

Diese Offenheit und Freiwilligkeit ist nicht nur im Sinne einer demokratischen Bildung wichtig, sondern war ebenso ein Gelingensfaktor. Denn ein erzwungenes „Engagement“ – eigentlich ein Widerspruch in sich – führt letztlich dazu, dass sich die Beteiligten nur widerwillig oder de facto gar nicht einsetzen.

In der *Praxis* des Politikunterrichts sieht es wohl eher selten so aus, dass das politische *Handeln* im partizipativen Sinne ein wirklich angestrebtes Ziel ist. Vielmehr scheint es oft um die Urteilsbildung im kognitiven Sinn und damit in erster Linie eigentlich um – zugespitzt formuliert – Zuschauerdemokratie zu gehen: Die Schüler/innen sollen darauf vorbereitet werden, von der Tribüne das Spiel der Akteure auf dem Platz zu bewerten, also im Unterricht oder im Freun-

---

7 Mit diesem Vorgehen wurde versucht, die Vorteile der außerschulischen politischen Bildung möglichst weit zu integrieren, also z.B.: Prinzip der Freiwilligkeit, möglichst kein Zwang und eben keine Zwangsläufigkeit der Leistungskontrollen bez. einer Beteiligung an der Konferenz, da Alternativen möglich waren. (Massing 2002, S. 119)

deskreis darüber zu diskutieren (in der Politikdidaktik auch „kommunikatives Handeln" genannt) und quasi sich durch das Rufen von der Tribüne (vor allem in Form der Stimmabgabe am Wahltag) zu beteiligen. Bei dem Projekt hier ging es darum, dass man sich nicht mit den Aspekten in erster Linie der politischen Urteilsbildung begnügt, sondern, dass die Schüler/innen das politische Geschehen zumindest mit begleiten, in begrenzter Hinsicht durch die Organisation der Konferenz selbst Akteure werden und *handeln* – wobei der Begriff des *(politischen) Handelns* hier nicht diskutiert werden kann (siehe dazu: Reinhardt 2014, 275 ff.).[8] Hierzu braucht es konkrete unterrichtspraktische Ansätze, die Konferenzorganisation ist ein möglicher. Auch wenn politische Handlungsfähigkeit als Zieldimension in der Politikdidaktik unstrittig ist, werden solche Ansätze mit guten Argumenten auch kritisch gesehen (Detjen, Massing, Richter und Weißeno 2012, 78 ff. und 101). U.a. durch die den Schüler/innen – wohlgemerkt glaubwürdig – dargelegten alternativen Möglichkeiten wurde versucht, diesen Bedenken Rechnung zu tragen.

Zur Organisation der Flüchtlingskonferenz entschlossen sich alle 16 Schüler/innen der Klasse. Das überraschte uns Lehrer. Was motivierte sie dazu? Ein Schüler schrieb, er habe sich zur Teilnahme entschlossen, „da die Flüchtlinge nicht mehr nur in den großen Städten untergebracht werden, sondern auch in unseren Heimatdörfern, sodass die Flüchtlinge uns alle betreffen." Ein anderer meinte, es sei „notwendig, dass die Aufmerksamkeit von vor allem Schülern auf dieses wichtige Thema gelenkt wird." Bei den anderen Befragten finden sich ähnliche Begründungen, die immer die Handlungsnotwendigkeit betonen. So wollte einer „Menschen in Not" helfen, ein weiterer sah „dringenden Handlungsbedarf in der Integration" der Flüchtlinge. Und eine Antwort eines Schülers zeigt auch, die sich im Projektverlauf für alle als wichtig erwies: Neben dem Wunsch, „Bedürftigen zu helfen", betont er die „gute Gelegenheit, mit der Klasse ein Projekt zu machen". Die Bedeutung der *sozialen Eingebundenheit* als ein Motivationsfaktor für die Schüler/innen (Deci und Ryan 1993, 229 ff.) wird damit erkennbar. Zugleich deutet sich bereits etwas an, das für das Projekt *Flüchtlingskonferenz* wichtig war: die positiven Effekte für die Klassengemeinschaft. Beispielhaft sei hier die Aussage eines Schülers genannt: „Ich denke, dass die Konferenz eine große Bedeutung für die Klassengemeinschaft hatte, da sie uns gezeigt hat, dass wir gemeinsam viel erreichen können."

---

8 Verwiesen sei hier zudem auf die Unterscheidung von Bürgermodellen: 1. Der reflektierte Zuschauer, 2. der Interventionsbürger, 3. der Aktivbürger (Massing 2002, S. 111 ff.)

1.1.4 Der Konferenztag

Zur Flüchtlingskonferenz erschienen – an einem Samstag und damit außerhalb der Unterrichtszeit – 80 Personen, was ein großer Erfolg war. Unmittelbar vor der Konferenz benannte ein teilnehmender Lehrer seine Erwartung und fasste damit zugleich eine Grundidee der Konferenz zusammen: „Ich hoffe, dass man einen Zusammenhang herstellen kann zwischen der Schule und unserer Gesellschaft.“ Er habe den Eindruck, dass beides etwas parallel laufe.

Der Ablauf lag vollständig in der Hand der Schüler/innen, womit zugleich *Autonomieerleben* ermöglicht werden sollte (Deci und Ryan 1993, 233 f.). Damit eine möglichst produktive Arbeitsatmosphäre entstehen konnte, hatte sich das Organisationsteam vorab darauf verständigt, für eine wertschätzende Atmosphäre zu sorgen. Hierfür wurde nicht nur ein Catering organisiert, sondern alle Teilnehmer/innen wurden vom Schüler/innen-Organisationsteam persönlich begrüßt. Nach der allgemeinen Begrüßung sowie dem einführenden Vortrag eines externen Referenten zur Flüchtlingssituation in der 18 000–Einwohner zählenden Kleinstadt gab es eine „Kaffeepause“, die eine wichtige Funktion hatte: Hier konnten die TeilnehmerInnen auf einer für alle sichtbaren Plakatwand ihre Ideen für die möglichen Projekte notieren, zugleich gab es damit die Möglichkeit für alle, sich über die Ideen auszutauschen, ins Gespräch zu kommen. Auch sollte ein Moderator bzw. Ansprechpartner den genannten Ideen zugeordnet werden. Diese Ideen sollten dann in Arbeitsgruppen ausgearbeitet werden, wofür zugleich ein Leitfaden den Gruppen an die Hand gegeben wurde, der sich vor allem an den zentralen Fragen des Projektmanagements orientierte: Ziel? *Was* muss gemacht werden? *Wer* übernimmt welche Aufgaben? *Bis wann* sollen die Aufgaben erledigt werden?

Bei der Konferenz wurden zahlreiche Ideen entwickelt, beispielsweise Computerkurse für die Migranten, gemeinsame Freizeitaktivitäten oder ehrenamtliche Arbeit in der DAZ-Klasse.

Im Nachhinein betrachtet wäre es besser gewesen, wenn die Moderation der Gruppen vom Organisationsteam übernommen worden wäre, so mussten sich manche Gruppen erst noch finden, beispielsweise wurde in einigen Gruppen zu viel Zeit mit der Klärung der Frage verbracht, wer die Gruppe nun moderieren solle. Eine Moderatorenschulung in der Organisationsklasse wäre dann jedoch notwendig gewesen. Über die Konferenz wurde auch im Schülerfernsehen berichtet, womit zugleich ein Einblick in das Geschehen vor Ort möglich ist (www.youtube.com/watch?v=oI0N_A_6PSQ).

Die Konferenzteilnehmer/innen wurden schriftlich zu der Veranstaltung befragt. Hier finden sich Aussagen wie: „großartige Idee und wunderbar, um konkrete Hilfsmöglichkeiten zu überlegen", „schön, dass so viele engagierte Leute zusammengekommen sind", „entspannte Atmosphäre, in der man kreativ arbeiten kann". Betont wurde auch immer wieder die sehr gute Organisation und Struktur. Dies sowie die Erfahrung, dass die eigene Tätigkeit erfolgreich ist, hat es den Schüler/innen ermöglicht, die eigene Kompetenz wahrzunehmen (Deci und Ryan 1993, 229 ff.). Kritische Anmerkungen gab es kaum, eine davon war, dass Flüchtlinge hätten eingeladen werden sollen – eine sehr gute Idee.

1.1.5 Kritische Bewertung

Für die Schüler/innen war die Konferenz in deren Rückblick ein großer Erfolg. Sie würden fast durchweg anderen Schulen empfehlen, eine ähnliche Konferenz, ggf. auch zu anderen Themen, durchzuführen. So meinte einer auf die Frage nach der Weiterempfehlung: „Absolut, da diese Konferenzen einen interessanten Kontrast zum normalen Unterricht darstellen und die Klassengemeinschaft stärken können. Außerdem ist es gut und richtig, wenn sich die Schule auch für schulexterne Angelegenheit einsetzt. Die Schüler erlernen wichtige Fähigkeiten, wie beispielsweise das Organisieren und Umsetzen von Veranstaltungen." Ein anderer Schüler bringt hier auch „eine Kooperation mit anderen Schulen" als Idee vor. Ebenso wäre es möglich, solche Konferenzen für die gesamte Kommune zu öffnen, wie bei der besagten *Konferenz der Generationen*. Wie man eine solche Konferenz auch immer konkret gestalten mag, Politik wird durch sie für die Schüler/innen zu einem Erfahrungs- und Gestaltungsraum. Sinnvoll ist es dabei auch, diese Erfahrungen mit der politischen Analyse der Makro-Ebene in Verbindung zu setzen, z.B. hinsichtlich solcher Fragen: Wer ist im demokratischen Staat für die Lösung gesellschaftlicher und politischer Probleme verantwortlich – Politik und Verwaltung, die Bürger/innen oder alle?

Wie nachhaltig ist nun der Erfolg der beiden durchgeführten Konferenzen, also ganz unabhängig vom unmittelbar danach erhobenen Rückblick der Schüler/innen.

Aus der Konferenz der Generationen war rund zwei Jahre lang ein „Chor der Generationen" entstanden, das ist das, was am längsten geblieben ist. Und der Erfolg bestand nur deswegen, weil sich eine Schülerin mit großem Engagement um die Organisation bemühte. Vor allem der Weggang des Chorleiters und dann auch der Schülerin machten den Fortgang schwierig, sodass es den Chor inzwischen nicht mehr gibt. Ein Fehler dieser ersten Konferenz war es, dass organisatorisch nicht recht eingeplant wurde, inwiefern der Prozess nach der Konferenz weitergeht, wer verantwortlich ist usw. Auch hätte man das Interesse der Älteren an ehrenamtlichem Engagement stärker berücksichtigen sollen, indem man sie mehr in verantwortliche Strukturen einbindet.

Diese Reflexionsergebnisse wurden bei der zweiten Konferenz, der Flüchtlingskonferenz, berücksichtigt. Hier können mehr nachhaltige Tätigkeiten auch Jahre danach verzeichnet werden. Insbesondere sei auf die zusätzliche und unterstützende Betreuung der DAZ-Klasse durch Eltern hingewiesen, die mehrmals die Woche stattfindet. Hierzu gehört u.a. auch die Leseförderung. Schüler/innen haben die Hausaufgabenbetreuung der DAZ-Schüler/innen übernommen. Jenseits der Schule organisiert eine Gruppe unter der Leitung einer Mutter zudem gemeinsame Freizeitaktivitäten mit den Flüchtlingen. Einige Projektideen sind auch hier im Sande verlaufen, was durchaus aber zu solchen Prozessen dazugehört und letztlich nur eine Spiegelung der derzeitigen (politischen) Realität ist.

Wichtig bleibt der Hinweis, die Schüler/innen nicht zum Engagement und damit zu einer politischen Stellungnahme zu zwingen, ihnen Alternativen vorzuschlagen oder sie vorschlagen zu lassen. Hinsichtlich der Wirkung solcher Konferenzen besteht die vielleicht größte Herausforderung darin, dass die angedachten Ideen später tatsächlich auch realisiert werden oder zumindest möglichst viele davon. Denn es ist wie immer: Das Einfachste ist es, eine gute Idee zu haben, das Schwierigste, sie umzusetzen, vor allem über einen längeren Zeitraum.

1.1.6 Alternativen: Politikkonferenzen

Die dargelegten Konferenzideen zielten vor allem auf die Generierung von Ideen, um Entwicklungsprozesse zu initiieren. Der Fokus solcher Konferenz kann aber auch anders gelagert sein, indem z.B. Wahlen bzw. die Meinungsbildung in den Fokus genommen werden.

Eine Möglichkeit ist eine Politikkonferenz oder ein Politikcamp, wo Workshops stattfinden, Diskussionsforen, kulturelle Beiträge usw. Den Organisationsprozess in die Hand von Schüler/innen zu legen, stellt mit Sicherheit eine große Herausforderung dar. Den Umfang kann man nach Belieben gestalten, auch die Zielgruppe könnte auf eine Jahrgangsstufe begrenzt sein oder aber weiter gefasst sein, z.B. auf die ganze Schule, auf andere Schulen, die Kommune usw. Ob nur Jugendliche eingeladen werden sollen oder auch andere, lässt sich auch wahlweise entscheiden.

Eine Möglichkeit könnte es sein, vor Wahlen nicht nur eine Podiumsdiskussion zu organisieren, sondern die Form zu ändern, einzelne Diskussionsforen aufzumachen, die dann z.B. jeweils von Schüler/innen moderiert werden. Die Teilnehmer/innen können dann je nach Interesse beispielsweise mehr Zeit bei dem einen als dem anderen Kandidaten verbringen. Auch können die jungen Wähler/innen hier ihre Fragen stellen. Der Vorteil bei diesem Konzept im Gegensatz zu z.B. Podiumsdiskussionen ist, dass die Teilnehmer/innen mehr Wahlfreiheiten haben, sich mehr an ihren Interessen orientieren können.

1.2 Schule als Lernfeld

Auch eine Schule hat ein politisches System. Es ist nicht einfach konstruiert, die Entscheidungskompetenzen sind je nach Bundesland etwas anders gelagert, überall liegen sie für verschiedene Bereiche bei anderen Personen bzw. Institutionen. Rahmenlehrpläne kommen von den Ländern, Fragen des Schulbaus obliegen meist den Kommunen, Personalangelegenheiten dem Land oder dem Schulleiter, dann haben die verschiedenen Konferenzen wie die Lehrerkonferenz oder die Schulkonferenz noch Befugnisse – in mehreren Fragen ist beispielsweise der Schulleiter das ausführende Organ der Schulkonferenz, zumindest in manchen Bundesländern. Nicht zuletzt sind noch die Lehrkräfte mit ihrem weitgehenden Gestaltungsspielraum hinsichtlich des Unterrichts oder auch die Selbstverwaltung der Schülerschaft zu nennen.

Manche Entscheidungen in diesem Komplex erfolgen über demokratische Verfahren der Mehrheitsentscheidung, andere obliegen der Exekutivgewalt mit indirekter demokratischer Legitimation. Dies ergibt verschiedene Möglichkeiten für die Projektarbeit und ggf. auch für das Forschende Lernen. Möglich wäre auch ein formaljuristischer Vergleich der verschiedenen Schulgesetze in Deutschland. Denkbar sind zudem Forschungsfragen an der eigenen Schule nach dem politischen System in rechtlich-formaler Hinsicht: An welchen Stellen sind welche Mitbestimmungsgrade beispielsweise für Schüler/innen vorhanden und an welchen nicht? Da an manchen Stellen die Schulgesetze den Akteuren Spielräume ermöglichen, wäre es auch denkbar zu untersuchen, inwiefern demokratische Spielräume der Gesetzestexte an der eigenen Schule ausgenutzt werden. Als Beispiel: Wie werden die Vertrauenslehrerin oder der Vertrauenslehrer gewählt? Wird die Wahl bei den Lehrkräften bekannt gegeben, sodass es überhaupt möglich ist, dass mehr Kandidatinnen und Kandidaten als Plätze vorhanden sind? An manchen Schulen kommt es beispielsweise vor, dass über mindestens ein Jahrzehnt ein Lehrer oder eine Lehrerin Vertrauenslehrer/in ist, es ist mehr als fraglich, ob da immer eine wirkliche Wahl im Sinne von Auswahl vorhanden ist. Analysieren und diskutieren kann man dann, wo liegen hierfür die Ursachen? Selten oder möglicherweise auch nie werden die kandidierenden Lehrkräfte Druck auf die Schülerschaft ausüben, damit es keine Gegenkandidaten gibt. Vielmehr entmachtet sich die Schülerschaft in diesen Fällen wohl oft selbst, interessiert sich nicht wirklich dafür, auch persönliche Verbindungen werden eine Rolle spielen. All das bietet einen hervorragenden Ort für die politische Analyse, die Reflexion und ggf. auch eine schulweite Diskussion mit einem möglicherweise anschließenden Reformprozess. Man kann diese Frage auch auf andere Schulen z.B. in der Region ausweiten: Wie sind beispielsweise die Wahlverfahren der Vertrauenslehrer/innen an den jeweiligen Schulen organisiert?

Im Bereich des Forschenden Lernens ist es ebenso möglich, Demokratievorstellungen der Schüler-, Lehrer- und Elternschaft zu erheben. Gerade bezüglich des Nahraums Schule kann dies durchaus interessant sein. Wie wichtig ist beispielsweise die demokratische Bildung den einzelnen Lehrkräften? Ist das (auch schulrechtlich) eigentlich nur die Aufgabe der Politiklehrkräfte? Schüler/innen widmeten sich beispielsweise einmal der Leitfrage, welche Rolle Demokratie in den Leitmotiven bezüglich der Unterrichtsgestaltung und Lehrweisen der Lehrer/innen (an der eigenen Schule) spielt? Besonders wichtig in diesem Untersuchungskomplex ist der Aspekt der sozialen Erwünschtheit, das heißt, die Konzeption der Fragen an die Probanden muss so gewählt sein, um diesen Aspekt möglichst vollständig zu vermeiden.

Auch nur Wissensbestände abzufragen, kann einen Diskussionsprozess anstoßen, ebenso einfach konzipierte Fragen wie: Inwiefern ist die Schülerschaft der eigenen Schule über die Schulkonferenz als Gremium der Mitgestaltung informiert?

All die in einem solchen Rahmen erhobenen Daten können in der Klasse, aber auch schulweit für interessante Diskussionen sorgen. Sie sollten dazu genutzt werden. Das wird in vielen Fällen Widerstand hervorrufen, der wiederum für das Politiklernen jenseits der Mikro-Ebene überaus wichtig ist. Denn erstens geht es um Freiheit von Forschungsprozessen, die man bei einer möglichen Verhinderung thematisieren könnte. Zweitens gehören Widerstände zum politischen Geschäft in der Demokratie. Die oft konsensualen Ansätze wie z. T. in der Demokratiepädagogik klammern diesen wichtigen Aspekt oft aus: Welche Widerstände können auftreten und wie gehe ich damit persönlich und politisch um?

Vieles wird man mit solchen empirisch-forschenden Ansätzen vermutlich nicht herausbekommen können, da solche Modelle kaum informelle Strukturen herausarbeiten können. Beispielsweise kann die formale Hierarchie mit einem in manchen Bereichen starken Schulleiter dort ausgehebelt sein, wo beispielsweise Lehrkräfte durch ihre Persönlichkeit und ihren Stand im Kollegium einen in Teilen vielleicht sogar größeren Einfluss haben. Oder ein Schulleiter, der formal z. T. der Schulkonferenz in manchen Teilen untergeordnet ist, de facto dort aber immer seine Interessen durchsetzt. Aber auch das bzw. die Grenzen empirischer Prozesse kann wiederum Thema der Reflexion im Unterricht sein.

Streitpunkt ist an mehreren Schulen die Hausordnung, die in der Regel von der Schulkonferenz verabschiedet wird. Auch sie kann Gegenstand einer Untersuchung zur Akzeptanz oder gar eines Diskussionsprozess in der Schulgemeinschaft sein, den eine Lerngruppe anstoßen und vor allem auch organisieren könnte. Hier sind viele Kompetenzen des Projektmanagements gefragt, ebenso Fragen der Zusammenarbeit mit Akteuren wie Schulleitung und den Gremien, um den notwendigen Rückhalt für eine solchen Diskussionsprozess zu bekommen. Auch unter demokratietheoretischen Aspekten ist ein solcher Diskussionsprozess interessant, z.B. Fragen wie: Sollen vor dem Abstimmungsprozess, wenn man denn das Votum der Basis einholen möchte, alle Gruppen (Schüler/innen, Lehrer/innen und Eltern) jeweils eine Stimme oder sollte jede Person eine Stimme bekommen?

1.2.1 Schüler/innen als Sozialforscher

Einstellungen zu politischen, gesellschaftlichen und wirtschaftlichen Fragen spielen für politische Repräsentanten oft eine große Rolle. Zugleich verändern sich Einstellungen und bestimmte gesellschaftliche Gruppen denken anders über manche Fragen als andere. Beispielsweise können die Einstellungen von Schüler/innen einer Schule zur Frage der Flüchtlingspolitik von denen einer anderen Schule erheblich abweichen. Viele dieser Daten werden nicht erhoben. Dies bietet zugleich Möglichkeiten, dies in den Unterricht einzubinden, und zwar im Rahmen von Projekten im Bereich des Forschenden Lernens.

Im folgenden Abschnitt soll an einem Beispiel dargelegt werden, wie Schüler/innen in die Rolle der Sozialforscher schlüpfen, wie solche Projekte umgesetzt werden können. Dabei ist es für die Durchführung des Projekts nicht entscheidend, wie umfangreich die Datenbasis erhoben ist. So können Untersuchungen in einer Klasse, in einer Jahrgangsstufe, der Schule oder aber auch jenseits der Schulgrenzen durchgeführt werden.

1.2.2 Ein Projektbeispiel[9]

Für Schüler/innen kann die Idee, eine Befragung zu politischen Einstellungen anderer Schüler/innen durchzuführen, durchaus reizvoll sein. Sie können etwas

9 Der folgende Abschnitt basiert im Wesentlichen auf: Sönke Zankel: Schüler als Sozialforscher. Schülereinstellungen zur Demokratie, in: POLIS, Report der Deutschen Vereinigung für Politische Bildung, 1/2012, S. 21–24. Hier ist auch ein konkretes Beispiel der Umsetzung dargelegt.

Neues, Unbekanntes erforschen. Bisherige mit Schüler/innen durchgeführte und damit erprobte empirische Projekte verblieben im Rahmen der deskriptiven Statistik. Dabei bietet die konventionelle Software wie Excel oder auch die entsprechenden Tabellenkalkulation von Open Office ebenso die Möglichkeit für die empirische Arbeit im Unterricht wie das von der Bundeszentrale für politische Bildung geförderte Programm Grafstat (www.grafstat.com)

Das hier vorgestellte beispielhafte und praxiserprobte Muster für eine Untersuchung setzt an einem quantitativen Verfahren an, bei dem grundsätzlich die Befragung sehr vieler Personen erfasst werden kann. Das heißt, hier geht es nicht um einen qualitativen Zugang, der selbstverständlich auch möglich wäre. Das Vorgehen in einem solchen Projekt lässt sich in zwölf Phasen aufteilen:

1. Am Beginn entwickeln die Schüler/innen Vorschläge für die Leitfrage der Untersuchung. Diese sollten diskutiert werden, vor allem hinsichtlich dessen, ob die Leitfrage untersuchbar ist. Möglich ist beispielsweise die Frage, welche Parteien die Schüler/innen der zehnten Klassen der jeweiligen Schule wählen würden, wenn am nächsten Sonntag Bundestagswahl wäre. Während Wahlentscheidungen relativ einfach zu untersuchen sind, sieht es hinsichtlich Einstellungen beispielsweise zum Thema Flüchtlingspolitik schon schwieriger aus. Das Konstrukt ist nicht so einfach zu erfassen, sodass sich die Frage stellt, was man genau untersuchen will: Ängste vor den Zuwanderern? Wo die Hauptprobleme oder Herausforderungen gesehen werden? Die Frage nach Einstellungen zu politischen Lösungsvorschlägen?
2. Nicht oder nur äußerst aufwändig untersuchbar wäre dies ohne die Eingrenzung auf die eigene Schule. Hier wären beispielsweise die Unterschiede in den Schularten, Differenzen von Stadt und Land ebenso miteinzubeziehen. Damit deutet sich schon ein wesentliches Lernziel an: Die Schüler/innen sollten lernen, Ergebnisse von Befragungen, in diesem Beispiel die von Zehntklässlern der eigenen Schule, nicht zu verallgemeinern. Gerade hierzu neigen sie und womöglich fast alle Menschen, vorschnell aus Einzelaussagen Allgemeingültiges abzuleiten.
3. Wenn Schüler/innen diesen überaus anspruchsvollen Gedankengang verinnerlichen, dann hat dies nicht nur eine überaus große Relevanz für die politische Urteilsbildung, sondern ebenso auch für ihre Urteilsbildung in privaten oder auch schulischen Fragen. Ein Beispiel: Steht ein Schüler vor der Wahl, welchen Schwerpunkt er in der Oberstufe wählen soll, so geht es neben seinen eigenen Interessen oft auch um die Meinung der Mitschüler/innen über das Fach oder auch die Lehrkraft, die den jeweiligen Kurs im kommenden Schuljahr anbieten wird. Nun ist die eigene Erfahrung vor der

Belegung des Kurses in der Regel kaum möglich, sodass die meisten Mitschüler/innen fragen werden. Werden dabei aber nur wenige befragt, dann erfährt man in der Regel nur sehr wenig über die Meinung der Schülerschaft über diese Lehrkraft. Man sollte dann die Datenbasis ausweiten.

4. In der zweiten Phase stellt sich Frage nach dem methodischen Zugriff, also *wie* man versucht, eine Antwort auf die jeweilige Leitfrage zu finden. Hier kann auch auf die Gütekriterien Validität, Objektivität und Reliabilität hingewiesen werden. Selbstverständlich werden die Kriterien hier nicht im wissenschaftlichen Sinne angewendet, gleichwohl kann eine entsprechende Sensibilisierung erfolgen, beispielsweise bezüglich der Validität bei der Frageformulierung: Messe ich das, was ich messen will? Oder bezüglich der Objektivität bei der Durchführung der Umfrage: Hat es z.B. einen Einfluss auf die Antworten, dass die Befragung von Schüler/innen durchgeführt wird?
5. Nicht selten wird erst basierend auf qualitativen explorativen Studien ein Fragebogen für einen quantitativen Zugang gewählt. Wenn die Unterrichtszeit und die Fragestellung es erforderlich machen, können die Schüler/innen beispielsweise Mitschüler/innen mit einem Leitfadeninterview befragen. Im nächsten Schritt könnten aus diesen Interviews entsprechende Items entwickelt werden. Andererseits kann man auch auf Items zurückgreifen, die in anderen Untersuchungen verwendet wurden bzw. sie aus der Literatur ableiten.
6. In dieser Phase werden in Kleingruppen Fragebogenentwürfe entwickelt. Die Vorgaben für die Entwicklung des Fragebogens beziehen sich einerseits darauf, dass er Daten liefern muss, die Antworten auf die Leitfrage geben konnten, womit zugleich die Frage des methodischen Zugriffs berührt wurde. Hierbei spielte u.a. die Frage eine Rolle, ob einem qualitativen oder einem quantitativen Zugang der Vorrang gegeben werden sollte. Zudem erhielten die Schüler/innen grundlegende Information zur Fragebogenkonzeption, darunter Item-Formulierungen, Skalengestaltung usw.
7. In der nächsten Phase mussten die Fragebogenentwürfe zu einem zusammengefasst werden. Während auf der einen Seite u.a. die Selbstständigkeit der Schüler/innen in der Projektarbeit gefördert werden soll, spricht der Kompetenzvorsprung der Lehrkraft vor allem bei der ersten Durchführung eines solchen Projekts dafür, dass sie die Koordinierung vornimmt. Beispielsweise kann die Lehrkraft diese Vorschläge aus den Gruppen selbst zu einem Entwurf bündeln, der dann wiederum als Diskussionsgrundlage in den Kurs hineingegeben wird. Dort kann dieser Entwurf besprochen und modifiziert werden. Die Schüler/innen mussten dabei den Blick für Kon-

zeptionsschwächen entwickeln, da sie in die Perspektive des Urteilenden wechselten.

8. In einem Pretest kann der vorläufige Fragebogen in einer Klasse der Schule durchgeführt werden, die Rückmeldung der Probanden im eigenen Kurs besprochen und schließlich zu einer endgültigen Fassung gebracht werden.
9. Die Schüler/innen nehmen selbstständig Kontakt mit den Klassen oder auch Schulen auf, in denen die Befragung durchgeführt werden soll und führen dort die Umfrage durch. Die Genehmigung der Schulleitung ist selbstverständlich einzuholen.
10. Das Folgende stellt dar, wie leicht größere Datenmengen mit einem recht einfachen Verfahren erfasst werden können. Dies kann man auch gemeinsam in der Klasse vornehmen und somit den Schüler/innen das Verfahren erläutern.

Für die Dateneingabe wird ein Codierungsplan erstellt, das heißt, jedem Item wird eine römische Zahl und den dortigen Antworten auch wiederum arabische Zahlen zugeordnet. Beispiel: Geschlecht = I. Weiblich = 1. Männlich = 2.

Zur Dateneingabe wird eine Eingabemaske erstellt. In den Spalten bei Excel oder einem Alternativprogramm befinden sich ganz links die ID-Nummern der Fragebögen (Auf allen Fragebögen werden durchlaufend Nummern notiert.). Damit ist es möglich, die eingegebenen Daten zu kontrollieren, um die Fehlerquote auf Grund von Eingabefehlern zu reduzieren. Dies ist insofern von Bedeutung, da bei der Eingabe langer „Zahlenkolonnen" nicht nur schnell Fehler auftreten können, sondern diese möglicherweise einigen Schüler/innen leichter unterlaufen.

Ab der zweiten Spalte werden die Items erfasst. Beispiel: Erstes Item Geschlecht, dann wird in der ersten Zeile der zweiten Spalte eingetragen: „I. Geschlecht". In den Zeilen kann dann für jeden Fragebogen eine Zahl eingetragen werden. Beispiel: Fragebogen Nummer 1: Erstes Spalte (Fragebogennummer): 1, zweite Spalte: Geschlecht: Eine 1 bei einer weiblichen Befragten, eine 2 bei einem männlichen Befragten.

ID-Nummer	I.1. Geschlecht	I.2. Schulart	I.4. Bundestagswahl
1	2	3	9
2	2	3	3
3	2	3	9
4	2	3	9

11. Die Daten werden über die Eingabemaske individuell eingegeben, das kann als Hausaufgabe erfolgen. So kann einerseits die Arbeit gerecht verteilt und andererseits die große Datenmenge überhaupt verarbeitet werden.
12. Die nun entstandenen Zahlenreihen ermöglichen eine recht einfache Auswertung der Daten mithilfe u.a. von einfachen Summenformeln. So können sie beispielsweise nach dem Zusammenhang von Geschlecht und Wahlentscheidung fragen.

Nun können die Schüler/innen die Daten auswerten, um somit zu einer Antwort auf ihre Leitfrage zu gelangen. In die Reflexion der Ergebnisse sollte dann wiederum auch eine Reflexion der Methodik eingebunden werden, beispielsweise anhand der genannten Gütekriterien.

1.2.3 Lernchancen

Hinsichtlich des Vorhabens besteht eine zentrale Herausforderung für die Schüler/innen darin, eigene Forschungsfragen zu formulieren und zugleich methodische Wege zu suchen, wie die Fragen beantwortet werden könnten. Dies fordert von den Schüler/innen viel, denn nicht nur das Formulieren eigener, sinnvoller Fragen, sondern zugleich nach praktikablen Problemlösungsstrategien zu suchen, ist ihnen oft nicht bekannt und insofern sind sie hierin auch nicht bzw. kaum geübt. Damit ist ein zentrales Lernfeld dieses Projekts benannt: Förderung der Methodenkompetenz.

Eine Befragung mit einer größeren Probandenzahl durchzuführen, bedeutet nicht nur inhaltlich-planerischen Aufwand, sondern zudem organisatorischen Einsatz. Die Schüler/innen mussten beispielsweise bei einem größer angelegten Projekt mit den Rektoren der Schulen, an denen die Befragung durchgeführt wurde, in Kontakt treten, Termine mit ihrer Forschergruppe und der Schule koordinieren, die Fahrt dorthin auf sich nehmen und letztlich vor eine fremde Klasse treten und das Projekt vorstellen, womit zugleich die Sozialkompetenz berührt wurde. Dieser Aufwand kann bei einem kleineren Untersuchungsfokus wie z.B. hinsichtlich zwei Klassen der eigenen Schule deutlich begrenzt werden.

Die später ausgewerteten Zahlen ermöglichen, dass sich die forschenden Schüler/innen selbst anhand der Einstellungen der anderen Oberstufenschüler positionieren können. Der Gesprächsanlass ist zugleich anders als in einer konventionellen Unterrichtssituation beispielsweise bei der Auseinandersetzung mit einem Lehrbuchtext, da man sich hier an den von den Schüler/innen erhobenen Zahlen und insofern an ihrer eigenen Arbeit orientieren kann.

Eine weitere Lernchance soll noch erwähnt werden: In der medialen Darstellung der Politik wird immer wieder auf Umfragewerte zurückgegriffen, sie beeinflussen auch den politischen Diskurs. Der Umgang mit solchen Zahlen ist folglich für den Einzelnen von Bedeutung, beispielsweise bei der Frage nach den Gütekriterien und der Repräsentativität. Die Schüler/innen haben durch ein solches Projekt die Möglichkeit, ihren Blick auf Umfragewerte zu schärfen und sie ggf. zu hinterfragen.

1.3 Weitere Ideen für das Fach Politik

Während in diesem Kapitel bereits mehrere konkrete Ideen für Projektarbeit bzw. Forschendes Lernen ausführlicher dargestellt wurden, sollen nun noch weitere in der Kurzvorstellung folgen.

1.3.1 Szenarien zur Entwicklung der Kommune

Kommunalpolitik ist, abgesehen von den Verwaltungsstrukturen, weitgehend ehrenamtlich organisiert. Die finanziellen und zeitlichen Kapazitäten sind meist begrenzt. Das bietet die Möglichkeit für den Politikunterricht, hier anzusetzen und konkrete Aufgaben oder Herausforderungen der Kommune in Gegenwart und Zukunft näher zu beleuchten. Ein Beispiel kann hierfür sein, ein Zukunftsszenario zu erstellen, beispielsweise auch begrenzt auf die Frage des demographischen Wandels: Inwiefern wird sich die Stadt diesbezüglich verändern?

Die Szenario-Methode wird u.a. im militärischen Kontext verwendet, bietet die Möglichkeit, sich auf verschiedene Zukunftsmöglichkeiten, Zukünfte vorzubereiten. Beispielweise könnten von den Schüler/innen verschiedene Szenarien entwickelt werden, z.B. Best-Case- und Worst-Case-Szenarien. Diese Szenarien kann man u.a. an verschiedene Interventionen knüpfen: Wie sieht die Kommune aus, wenn sie nicht tätig wird? Was passiert, wenn sie diese oder jene Maßnahmen ergreift?

Beim Beispiel des demographischen Wandels können zugleich Bezüge zu gesamtgesellschaftlichen Entwicklungen gezogen werden, zumeist ist das Thema auch curricular verankert. Forschungsliteratur kann herangezogen werden, globale Beispiele für verschiedene Entwicklungsmöglichkeiten einzelner Städte einbezogen werden.

Die Ergebnisse, soweit sie zumindest gelungen sind, können dann in den kommunalpolitischen Diskurs eingebracht werden. In Uetersen haben beispielsweise Schüler/innen ihre Ergebnisse in einem kommunalpolitischen Ausschuss vorgestellt und mit den Politiker/innen diskutiert. So wurde die Arbeit der Schüler/innen anerkannt und gewürdigt. Auch wenn dies in Uetersen nicht erfolgt ist, so wäre doch zu überlegen, ob man noch mehr den Fokus auf die kommunalpolitische Gestaltung legt. Denn was passiert mit dem Szenario, wenn es vorgestellt wurde? Für Uetersen lautet wohl die – selbstkritische – Antwort: nichts. Man kann sagen, dass dies ein relativ übliches Vorgehen im politischen Geschäft ist: „Wissenschaft" trägt Ergebnisse ihrer Untersuchungen vor, sie ändern aber selten etwas. Auch hier lassen sich wieder Bezüge zur Makro-Ebene der gesellschaftlichen und politischen Strukturen herstellen.

Wenn man jedoch auch die kommunalpolitische Gestaltung mit in den Fokus nimmt, heißt dies zugleich, dass Schüler/innen mit einer etwaigen politischen Stoßrichtung einverstanden sein müssen, um sie nicht zu überwältigen. Dabei sind Parteigrenzen vermutlich gar nicht primär das eigentliche Problem, da sich z.B. die Frage nach der Gestaltung des demographischen Wandels vor Ort wohl nur selten an Parteigrenzen orientiert.

1.3.2 Politikberatung

Die oben dargestellten Szenarien können in Politikberatung münden. Hier sind auch andere Wege möglich, am besten ist es immer, in der eigenen Kommune mit den Schüler/innen zu schauen, wo Probleme und Herausforderungen liegen. Dann können diese Gedanken der Ausgangspunk für Untersuchungen sein, die die Schüler/innen durchführen können. Beispielsweise könnte es darum gehen, welche Wünsche der lokale Einzelhandel an die Kommunalpolitik hat (siehe Kap. III. 2. 2.), es könnten auch die Bürger/innen befragt werden, wo sie besonders Probleme in der Stadt sehen, wo Kommunalpolitik ansetzen könnte.

Hier können zugleich Konzepte aus anderen Städten hinzugezogen werden, beispielsweise um der Verödung von Innenstädten entgegenzuwirken. Finanzfragen spielen bei allen Vorschlägen auch immer eine Rolle, sodass die Schüler/innen lernen können, Wege zu finden, politische Wünsche nicht nur zu formulieren, sondern auch Realisierungschancen mitzudenken.

1.3.3 Meinungsforschung auf lokaler Ebene und darüber hinaus

Befragungen der Bevölkerung zu ihren Einstellungen bieten zudem ein breites Feld, auf dem relevante Ergebnisse für verschiedene Akteure entstehen können. Hier könnte zugleich eine Dienstleistung entstehen, die ggf. auch im Kontext von Schülerfirmen im Sinne eines lokalen Meinungsforschungsinstituts realisiert werden können. Die Nachfrage ließe sich generieren, man denke beispielsweise an die Kirchen, also z.B. welche Einstellungen und Wünsche die Kirchenmitglieder an ihre Gemeinde haben. Dies ließe sich auch auf die Verwaltung übertragen oder auf die Polizei. Letzteres ist gerade in Problemstadtteilen mehr als interessant: Was wünschen sich z. B. die örtlich bedeutenden Institutionen (Kirche, Moschee, Jugendarbeit usw.) von der Polizei?

Solche Arbeiten können auch vollkommen losgelöst von möglichen Auftraggebern realisiert werden. Interessante Fragestellungen bieten sich viele. Schüler/innen in Uetersen hatten beispielsweise einmal dazu gearbeitet, welche Einstellungen evangelische Pastorinnen und Pastoren zum Thema Homosexualität haben. Sie nahmen Kontakt mit denjenigen auf, die zum Thema Einstellungen zur Homosexualität bisher geforscht hatten, entwickelten einen Fragebogen und verschickten ihn an alle Pastorinnen und Pastoren der Landeskirche.

Jenseits des lokalen Fokus kann z. B. eine Analyse des Fernsehens nicht nur für die Schüler/innen, sondern auch darüber hinaus interessant sein. Beispielsweise könnte das öffentlich-rechtliche Fernsehen mit seinen regionalen Programmen analysiert werden, inwiefern die Sendungen Jugendliche ansprechen. Die Ergebnisse könnten sicher auch für die Fernsehmacher weiterbringend sein, zurzeit orientieren sie sich offensichtlich eher an der Zielgruppe 60+.

1.3.4 Schülerzeitung und Schülerfernsehen

Wichtig für jede Schule sind Medien, die informieren und ggf. auch kritisch berichten. Entstehen diese im Unterricht, entsteht eine Konfliktlage, da eine Lehrkraft beteiligt ist, aber Schüler/innen möglicherweise über andere oder auch dieselbe Lehrkräfte kritisch berichten würden. Am besten ist da sicher immer, wenn die Medien unabhängig von der Lehrkraft entstehen. Auf der anderen Seite kann eine beteiligte Lehrkraft sehr hilfreich sein, beispielsweise wenn es um Tipps für die Organisation der Prozesse geht, aber vor allem auch, wenn für Kontinuität gesorgt werden soll. Schüler/innen sind immer nur eine begrenzte Zeit an der Schule, zumeist in dieser wiederum nur einen kleinen Zeitraum aktiv. Lehrer/innen können in solchen Projekten dafür sorgen, dass die Presseorgane nicht nach ein oder zwei Jahren wieder verschwinden, sondern bestehen bleiben.

Zeitungen können online oder klassisch als Print realisiert werden. Reizvoll ist sicher auch ein Schülerfernsehen (siehe hierzu Kapitel IV.3).

2. Wirtschaft

Im folgenden Kapitel werden für den Bereich Wirtschaft Möglichkeiten der Umsetzung von Projektarbeit dargelegt, insbesondere im Rahmen von Schülerfirmen und Forschendem Lernen. Für die Schülerfirmen gilt dabei, dass sie nicht unbedingt auf Profit ausgerichtet sein müssen, man kann sie auch im Bereich Non-Profit konzipieren. Dabei wird auf Motivationsfaktoren eingegangen, zugleich sollen aber auch Bezüge zu politischen Fragen immer wieder hergestellt werden. Dies gilt insbesondere für Aspekte der „Bildung für nachhaltige Entwicklung" (BNE), also z.B. wie ökonomisches Handeln mit dem Aspekt der Nachhaltigkeit verbunden werden kann.

2.1 Realisierung einer Schülerfirma

Schülerfirmen werden vielerorts realisiert. Sie ermöglichen, die von manchen als trocken empfundene Betriebswirtschaftslehre und damit auch ökonomische Zusammenhänge ganzheitlich und handlungsorientiert zu erlernen. Auch wenn es manche Projekte zum simulierten unternehmerischen Handeln gibt, soll es hier nicht um Paper-Pencil-Experimente des ökonomischen Lernens gehen, sondern um Realexperimente: Die Schüler/innen entwickeln hiernach nicht nur eine Idee für eine Schülerfirma und planen sie, sondern setzen sie auch um. Weg vom Arbeitsblatt und hin zum realen Handeln.

Die *Entrepeneurship Education* sollte ein wichtiger Bestandteil der ökonomischen Bildung sein, gerade wenn die Ziele sind, eine Kultur unternehmerischen Denkens zu fördern und die Lernenden zur Autonomie zu bewegen, damit sie Lebenssituationen möglichst eigenständig bewältigen können. Insofern ist das Plädoyer u.a. von Hans Kaminski schlüssig, dass diese Ansätze in den Unterricht zu integrieren und nicht nur außerhalb beispielsweise in Arbeitsgemeinschaften umzusetzen sind. Denn letztlich werde hier „nicht zerstückeltes Wissen verlangt, sondern Wissen für die Lösung von komplexen Problemstellungen." (Kaminski 2017, 155 ff.) So sollen solche Projekte bei den Schüler/innen nicht nur Fachwissen, sondern auch unternehmerische Einstellungen und Haltungen fördern, beispielsweise Kreativität, Neugierde, Risikobewusstsein und Verantwortungsbereitschaft. Indem sie selbst aktiv werden, kann auch ihre Eigenständigkeit gefördert werden, z.B. dadurch, dass sie ihren Handlungsprozess selbst planen, ihn aushandeln, mit anderen, auch außerhalb der Schule kommunizieren. Dies ermöglicht zugleich wertvolle Erfahrungen für die spätere berufliche Tätigkeit (Retzmann 2017, 363). Positive Effekte von Schülerfirmen für die berufliche Zukunft der jungen Menschen zeigen unterschiedliche Erfahrungen aus der Praxis. Manch ein Schüler, der in den einzelnen Fächern gar nicht sonderlich erfolgreich war, ist genau durch diese Erfahrungen und erworbenen Kompetenzen in das berufliche Feld gekommen, das er sich gewünscht hatte. Tätigkeiten in Schülerfirmen beeindrucken nicht selten die Personaler.

Eine einseitige Orientierung durch Entrepeneurship Education an ökonomischen Interessen muss mit diesem Ansatz nicht erfolgen. Beispielsweise ist Einbindung von Aspekten der Nachhaltigkeit und damit auch sozialer Fragen nicht nur möglich, sondern auch wichtig. Gerade bei Zielkonflikten beispielsweise von ökonomischer Effizienz und sozialen Standards können hierdurch lebensnahe und weiterführende Diskussionen in der Lerngruppe entstehen.

2.1.1 Problemanalysen und Organisationsfragen

Vorab ist eines wichtig, das für alle Projekte gilt: Es ist kein Problem, wenn bei Schülerfirmen etwas nicht funktioniert, wenn das ganze Projekt nicht funktioniert, die Firma Pleite geht. Das gehört zu wirtschaftlichen Prozessen dazu und ist letztlich nur eine Abbildung der ökonomischen Realität, wenn man bedenkt, dass nur eines von zehn Startup-Unternehmen wirklich erfolgreich wird (Riedel 2013). Oder in absoluten Zahlen gesagt: 2009 gab es in Deutschland fast 33 000 Firmeninsolvenzen, 2016 waren es noch rund 21 500 (Hoffmann und Kläsgen 2017, 25). Insofern sollte eine Insolvenz nicht zur Demotivation der Schüler/innen führen, sondern zur Analyse möglicher Ursachen. Die Lehrkraft sollte in diesen Fällen auch die gelungenen Teile des Projektes betonen, um positiv auf die Einstellungen zu (Schüler-)Firmen einzuwirken. Es geht aber auch um Offenheit gegenüber Fehlern und Problemen, Schule ist dazu da, Fehler zu machen, um aus ihnen zu lernen.

Damit ist zugleich die erste Lernchance verbunden. Strategisches Denken und Handeln: Planungs- und Problemlösungskompetenz. Da in einem solchen Schülerfirmenprojekt zwangsläufig Probleme und Widerstände auftreten, ist für die Schüler/innen die Herausforderung, angemessen und lösungsorientiert hierauf zu reagieren. Was passiert z.B., wenn die erhoffte Nachfrage nach dem Produkt ausbleibt? Hier ist eine Problemanalyse notwendig: Liegt es an dem Produkt selbst? Hat die Werbekampagne die Zielgruppe nicht erreicht, war sie ineffizient? Wie findet man das heraus?

Besteht die Zielgruppe beispielsweise aus den Schüler/innen der eigenen Schule, sollte geschaut werden, ob die von der Werbeaktion überhaupt etwas mitbekommen haben und wenn ja, wie sie die bewerten? Eine stichprobenartige Befragung in der Schülerschaft könnte Aufklärung bringen. Dabei sollte darauf geachtet werden, dass man die Zielgruppe exakt definiert: Ist beispielsweise wirklich die ganze Schülerschaft die Zielgruppe oder nur gewisse Jahrgangsstufen?

Im nächsten Schritt wäre die Frage, wie man auf diese Probleme reagieren könne. In diesem Fall könnte es eine neue oder erweiterte Werbekampagne sein, die vielleicht noch mehr auf die Zielgruppe zugeschnitten ist.

Noch besser wäre es, dass die Schüler/innen vorher versuchen, die Probleme zu antizipieren (Frage 6 des Projektmanagements: Was könnte schiefgehen?). Dies erfordert natürlich großes strategisches Geschick, wenn man am Beginn aber diese Frage stellt, dann können viele Irrwege vermieden werden. Der Vorteil: Hier können die Schüler/innen nicht nur für das Berufsleben und auch das Privatleben lernen, sondern auch für die Schule, die Hochschule und damit für alle Prüfungssituationen: Welche Fragen könnten die Prüfer/innen stellen? Hat man dies einmal systematisch durchdacht, dann fallen einem oft nicht nur die Fragen der Prüfer/innen ein, sondern man durchdenkt den Gegenstand auch zusätzlich. Genau wie bei einer Schülerfirma.

Zur Planung einer Schülerfirma gehören natürlich auch vier Fragen vom Projektmanagement bezüglich der Planung: Was muss getan werden? Wie viel Aufwand ist erforderlich? Wer soll es tun? Und je nach Projektmethode: Bis wann wird die Aufgabe bearbeitet sein?

Das heißt, am Beginn sollten alle zu erledigenden Aufgaben gesammelt werden, die zu bearbeiten sind, bis das Produkt auf den Markt kommt. Zur Erinnerung: Je kleinschrittiger die Aufgaben notiert sind, desto besser, damit die Gefahr vermieden wird, dass etwas übersehen wird. Anschließend werden die Aufgaben verteilt.

Je mehr Mitarbeiter/innen die Schülerfirma hat, desto größer ist das Problem, dass Aufgaben ungerecht verteilt sind und ggf. manche nichts tun. Dies liegt einerseits daran, dass das System unübersichtlicher und damit schwerer überschaubar wird, andererseits ist häufig ein Problem, dass alle Tätigkeiten oft nicht gleichzeitig bearbeitet werden können. Wenn beispielsweise eine Gruppe nur für den Verkauf zuständig ist, das Produkt aber erst entwickelt werden muss, läuft die Arbeit zeitversetzt.

Daher zwei Tipps:

1. Gerade zu Beginn sollten eher kleinere Gruppen (bis zu ca. 5 Personen) gebildet werden. Sie sind für die Schüler/innen leichter überschaubar. Sollte dennoch eine ganze Klasse eine Schülerfirma realisieren, müssen Abteilungen mit jeweiligen Aufgabenprofilen und auch mit Abteilungsleiter/innen ausgewählt werden.
2. Wenn man nicht mit der Kanban-Methode arbeitet (siehe Kapitel II.3.2): Für die kleinen Gruppen, aber noch viel mehr bei größeren Gruppen sollte eine Instanz geschaffen werden, die das Projekt koordiniert.

Die Koordination kann von der Lehrkraft ausgewählt werden, sie kann aber auch von den Schüler/innen gewählt werden, womit man jeden zugleich mit der Wahlentscheidung in die Verantwortung nimmt. In diesem Fall sollte Folgendes vorher geschehen: Man stellt mit den Schüler/innen gemeinsam Kriterien auf, die die entsprechende Person oder die Personen erfüllen sollten. Anschließend können Kandidatinnen und Kandidaten vorgeschlagen werden, von denen die Mitarbeiter/innen meinen, dass sie die erfüllen.

Die gewählte Koordinatorin bzw. der Koordinator ist dann nur dafür zuständig, die Gruppe zu koordinieren, sie oder er sollte nur im Notfall bei den anderen aushelfen. Dies ist zumindest dann notwendig, wenn das Projekt komplexer wird und vor allem mehr als sechs Schüler/innen dort tätig sind. Beispiel (wenn auch nicht aus dem Schülerfirmenkontext): Bei der Organisation eines Schulballs von einer neunten Klasse gab es zwei große Probleme: 1. Die Aufgaben, die jeder hatte, waren nicht fixiert, wechselten den Bearbeiter, das ganze System wurde extrem unübersichtlich, ineffizient, Wiederholungen waren die Folge. 2. Die Koordinatoren bearbeiteten fast während der gesamten Zeit Aufgaben der Mitarbeiter/innen, das Projekt war führungslos und – auch aus dem erstgenannten Grund – orientierungslos. Für mich waren diese beiden Fehler eine große Lehre – letztendlich waren es meine Fehler, ich hätte die Schüler/innen besser im Sinne der hier genannten Punkte beraten oder die Kanban-Methode empfehlen sollen.

Steht ein Projektplan mit den Aufgaben, den jeweiligen Bearbeiter/innen und dem Zeitplan, sind wesentliche Aufgaben erfüllt. Das Gute: Jeder hat seinen Verantwortungsbereich, er sorgt für das angekündigte Ergebnis zum vorher festgelegten Zeitpunkt, Ausreden wird es nur noch selten geben. Dabei ergibt es Sinn, sich Meilensteine zu setzen, zu denen jeweils etwas fertiggestellt sein soll und die Gruppe gemeinsam über den Sachstand berät. Auch kann die Gruppe regelmäßig zusammenkommen, um etwaige aufgetretene Probleme und die Lösungsansätze zu beraten.

2.1.2 Businessplan erstellen

Man mag darüber streiten, was alles in einem Businessplan stehen soll, im schulischen Kontext muss man jedenfalls eine Auswahl treffen, ihn reduzieren, damit er für die Schüler/innen überschaubar bleibt. Ist die Kriterienliste zu umfangreich, dann wird sie von ihnen vermutlich kaum oder gar nicht wahrgenommen. Ein erprobter Rahmen für einen Businessplan im Rahmen von Schülerfirmen findet sich anbei (siehe Abb.), im Folgenden einige Erläuterungen dazu:

2.1.3 Kennzeichen des Produkts oder der Dienstleistung

Als erstes geht es darum, die wichtigsten Merkmale des Produkts oder der Dienstleistung zu erfassen: Was zeichnet es aus, was macht es besonders? Die

Besonderheit kann sich einerseits über das Produkt selbst definieren, weil es ein solches Produkt noch nicht gibt, oder aber darüber, weil es in dem jeweiligen Markt noch nicht vorhanden ist. Beispiel: Kleidungsgeschäfte und auch Secondhand-Läden gibt es in Deutschland sehr viele, aber in der Regel nicht an der Schule. Auch kann der Preis ein besonderes Merkmal sein. Hierbei gilt zu beachten, dass man auf die lokale Wirtschaft Rücksicht nehmen sollte: In der Regel kann man das Produkt günstiger auf den Markt bringen als beispielsweise ein Unternehmen, das noch zwei sozialversicherungspflichtige Angestellte hat, Miete zahlen muss usw. Im Zweifel sollte man dann auf das Produkt verzichten, man kann aber auch mit den Unternehmen Kontakt aufnehmen, manchmal ergeben sich sogar Kooperationsmöglichkeiten.

Businessplan für Schülerfirmen

Kurzvorstellung

- ☐ Name (und Rechtsform) des Unternehmens
- ☐ Kurze Vorstellung der Geschäftsidee

Produkt oder Dienstleistung, Wettbewerbssituation

- ☐ Wichtigste Merkmale des Produkts oder der Dienstleistung
- ☐ Darstellung des für die Schülerfirma relevanten Marktes (Wo?) und der Zielgruppe nach Merkmalen (Wer? Alter, Geschlecht usw.)
- ☐ Gründe, warum sich diese Zielgruppe für unser Produkt bzw. Dienstleistung interessieren könnte.
- ☐ Welche Mitkonkurrenten gibt es?
- ☐ Was macht unser Angebot (im Vergleich zur Konkurrenz) besonders (u. a. Preis, Qualität, Neuigkeit)?

Marketing: Wie erfahren unsere Kunden, dass es unser Produkt gibt?

- ☐ Darstellung der Pressearbeit (inkl. Kontaktdaten)
- ☐ Darstellung weiterer konkreter Werbemaßnahmen
- ☐ Darstellung der Kosten für die Werbung

Vertriebspolitik

- ☐ Wo werden die Materialien oder Produkte gelagert?
- ☐ Externer Verkauf über den Einzelhandel: Mit wem soll verhandelt werden?
- ☐ Direktvertrieb 1: konkrete Organisation inkl. Zeitplan (z. B. beim Pausenverkauf)

- ☐ Direktvertrieb 2: Darstellung der Versandmöglichkeiten
- ☐ Darstellung der Vertriebskosten

Organisation

- ☐ Welche Personen sind an der Schülerfirma beteiligt?
- ☐ Organisationsstruktur, dabei Zuständigkeiten: Wer übernimmt welche Aufgaben?
- ☐ Darstellung des Produktionsprozesses
- ☐ Wer ist für die Buchführung zuständig (einfache Gegenüberstellung von Einnahmen und Ausgaben)?
- ☐ Zeitplan: Bis wann werden welche Aufgaben von wem erledigt sein?

Finanzen

- ☐ Darlegung, wie viel Startkapital benötigt wird (genaue Auflistung, wofür wie viel Geld gebraucht wird)
- ☐ Einwerben des Startkapitals: Woher kommt das Geld?
- ☐ Wie teuer soll das Produkt sein (Beachten der Kosten)?
- ☐ Kalkulation: Wie viel Umsatz können wir in welchem Zeitraum erwirtschaften?
- ☐ Welche Gewinne sind ab welchem Zeitpunkt zu erwarten?

Chancen

- ☐ Darstellung von Gründen, warum diese Geschäftsidee erfolgreich sein könnte.
- ☐ Benennen von sehr guten Marktbedingungen für das Produkt/die Dienstleistung und Maßnahmen, diese herzustellen.

Mögliche Probleme und Lösungen

- ☐ Darstellung von Problemen, die auftreten können.
- ☐ Wege, diese Probleme zu umgehen oder zu lösen.

2.1.4 Darstellung der Zielgruppe und des Marktes

Hat man eine gute Idee, sollte der nächste Schritt sein, sich zu überlegen, wer als Kunde in Frage käme, wer zur Zielgruppe gehört. Die Zielgruppe kann man z.B. nach Alter, Geschlecht oder Interesse definieren. Dazu gehört auch die Darstellung des Marktes, auf dem das Produkt angeboten werden soll. Besteht die Zielgruppe aus Schüler/innen der fünften und sechsten Klasse, wird sie bei Schülerfirmen in aller Regel auf die eigene Schule bezogen sein. Das heißt: Eine Schule mit normaler Größe (dreizügig) hat sechs in Frage kommende Klassen, die vielleicht aus jeweils ungefähr 25 Schüler/innen bestehen. Das bedeutet, in diesem Fall ist der vorhandene Markt mit rund 150 potentiellen Käufern recht überschaubar. Hier kann den Schüler/innen schon selbst auffallen, dass die Gewinnchancen vielleicht doch nicht so groß sind, wie sie am Anfang dachten.

Der Vorteil der hier genannten Zielgruppe liegt nahe: Man kann sie relativ einfach erreichen. Der Nachteil: Der Markt und damit die Absatzmöglichkeiten sind sehr begrenzt. Dabei gilt: Je größer der Markt, desto schwerer (Kosten an Zeit und Geld) sind die potentiellen Kunden zu erreichen.

2.1.5 Welche Mitkonkurrenten gibt es?

Zur Marktsituation gehört auch die Frage nach Mitkonkurrenten, also wer dieses oder ein ähnliches Produkt noch zu welchem Preis und mit welcher Qualität anbietet. Das kann beispielsweise die Konkurrenz eines Online-Händlers sein. Ist eine entsprechende Konkurrenz vorhanden, sollten sich die Schüler/innen die Frage stellen, warum die potentiellen Kunden zur Schülerfirma und nicht zur Konkurrenz gehen sollten, beispielsweise wenn diese das Produkt günstiger anbietet. Dies kann z. B. dann der Fall sein, wenn Schüler/innen Produkte in der Schule kaufen und diese meist schnell benötigt werden, beispielsweise bei Schulheften, da Oberstufenschüler/innen doch des Öfteren unmittelbar vor der Klausur einfällt, dass sie kein Klausurheft mithaben. Hier hätten die Schüler/innen quasi unschlagbare Vorteile gegen den Konkurrenten (siehe Kapitel III.2.3.11).

2.1.6 Gründe, warum sich diese Zielgruppe für das Produkt bzw. die Dienstleistung interessieren könnte

Hiermit ist zugleich der Punkt berührt, was das jeweilige Produkt interessant machen könnte. Die Gründe können auch in der Qualität oder in der jeweiligen Innovation des Produktes liegen. Gerade im Bereich des Upcycling haben einige Schülerfirmen interessante Produkte hergestellt, beispielsweise Taschen aus dem, was gemeinhin als Müll bezeichnet wird.

Wenn die Zielgruppe die Jugendlichen sind, dann spielt oft das Besondere, das Hippe eine Rolle. Manchmal wundert man sich, dass Schüler/innen auch bereit sind, erstaunlich hohe Preise zu bezahlen. Ein Beispiel: Schüler/innen wollten eine Schülerfirma gründen und eigens gestaltete Stoffbeutel auf den Markt bringen. Eine gute Idee, evtl. noch nachhaltig produziert. Bei der Frage, welchen Preis man dafür nehmen könne, sprachen die Schüler/innen von rund 10 Euro. Ich widersprach, hielt das für grenzenlos überzogen, bekommt man entsprechende Beutel doch überall für ein oder zwei Euro. In der Pause danach sah ich eine Mittelstufenschülerin mit so einem besonders bedruckten Beutel, fragte, was sie dafür ausgegeben habe und ausgeben würde. Tatsächlich waren 10 Euro für sie kein Problem, „wenn er gut aussieht." Nun hat das mehr anekdotischen Charakter und war keine systematische Kundenforschung, hier zeigt sich aber doch, dass wir Lehrer/innen manchmal grundlegend falsch liegen. Hat das Produkt etwas Besonderes, dann lässt es sich auch verkaufen.

2.1.7 Marketing

Das beste Produkt findet auch dann keine Abnehmer, wenn niemand weiß, dass es das beste Produkt ist. Das heißt, eine effektive Werbekampagne ist notwendig. Grundsätzlich ist auch hier die Pressearbeit wichtig (siehe Kapitel II.4). Schülerfirmen haben dabei gegenüber der Konkurrenz einen großen Vorteil – auch wenn dieser vielleicht nicht für großstädtische Schulen gilt: Die Lokalpresse berichtete gerne über solche Geschichten. Und diese Berichte sind in aller Regel kostenlose Werbung, da über Projekte von Jugendlichen im unkritischen Lokaljournalismus meist eh positiv berichtet wird. Die Pressearbeit mit der Lokalzeitung ist dann umso wichtiger, je mehr die Zielgruppe des Produkts der Leserschaft der Zeitung entspricht. So sind Zeitungsberichte über Computerkurse für Senioren sicher die beste Werbung, Berichte über das selbst produzierte Eis für die Mitschüler/innen in der großen Pause helfen bezüglich des Absatzes vermutlich weniger. Dennoch: Die Schülerfirma sollte es versuchen, da die Kosten (eigentlich nur Zeit) gering sind und sie gleich mit der Pressearbeit vertraut gemacht werden, was ihnen später und in anderen Zusammenhängen noch sehr helfen kann.

Werbung für das eigene Produkt zu entwickeln, bringt den Schüler/innen meist viel Freude. Hier kann sich ihre Kreativität entfalten. Hier sind beispielsweise auch Videos möglich (siehe Kapitel IV.3).

2.2 Forschendes Lernen im Bereich Ökonomie

Auch der Bereich der Ökonomie bietet verschiedene Ansätze nicht nur zur Projektarbeit wie im Rahmen von Schülerfirmen hier dargestellt, sondern auch hinsichtlich des Forschenden Lernens. Während es bezüglich des Faches Geschichte den Geschichtswettbewerb des Bundespräsidenten gibt, der explizit hinsichtlich des Forschenden Lernens konzipiert ist, gibt es Vergleichbares im Bereich der Ökonomie nicht. Vielmehr sind gerade außerschulische Angebote eher auf die Realisierung von wirtschaftlichen Projekten wie eben die besagten Schülerfirmen ausgerichtet.

Hier werden nun einige Beispiele vorgestellt, die in diesem Bereich realisiert werden können. Ein Ansatz ist dabei wieder der Nahraum der Schüler/innen wie deren Heimatstadt. Dabei kann insbesondere der Fokus auf die kommunale Wirtschaftspolitik gelegt werden. Beispielsweise untersuchte eine Schülerin zwei benachbarte Kommunen und wollte herausfinden, inwiefern sie jeweils den Standort für unternehmerische Investitionen durch ihre kommunale Wirtschaftspolitik fördern. Methodisch ging sie u.a. mit Interviews an die Leitfrage heran, dabei führte sie Interviews mit den Bürgermeister/innen der Städte. Andererseits entwickelte sie einen Fragebogen, der an die Unternehmen in den beiden Städten verschickt wurde. Die Fragebogenkonstruktion ist dabei kein leichtes Unterfangen, das heißt, hier musste sie sich methodisch einarbeiten, unterstützt von der Lehrkraft. In dem Fragebogen, konzipiert fast durchgängig mit einer vierstufigen Likert-Skala, fragte sie u.a. nach der Zufriedenheit mit der lokalen Wirtschaftspolitik. Zudem wurde auch nach Aspekten wie Infrastruktur, Gewerbeflächen, Steuern, Arbeitsmarkt, Unternehmerfreundlichkeit der jeweiligen Stadt gefragt. Diese Skalen umfassten wiederum drei bis vier Items, zudem wurde nach der Bedeutung der Aspekte für den Befragten und nach der Zufriedenheit damit gefragt.

Die Ergebnisse solcher Arbeiten können auch hilfreich für die jeweiligen Stadtverwaltungen bzw. die Kommunalpolitik sein. Daher sollten die Ergebnisse dort publik gemacht werden, ggf. wird damit auch die Kommunalpolitik beeinflusst.

Ein weiteres großes und für Schüler/innen interessantes Feld stellt die Marktpsychologie dar. Hier kann untersucht werden, wie und ggf. warum Marktakteure sich entsprechend verhalten. Ein Untersuchungssetting stellen dabei Produkttests dar, beispielsweise der Test von Mineralwässern, bei denen die Probanden sagen sollen, welches Wasser ihnen am besten schmeckt, sie aber nicht erkennen können, welches Wasser (ggf. auch Leitungswasser mit Kohlensäure versetzt) sie gerade trinken. Dies lässt sich auf viele Produkte übertragen. Hier gilt wie immer beim Forschenden Lernen, dass dann die Untersuchungsmethode dargelegt und reflektiert werden muss, um anschließend auch die Ergebnisse angemessen bewerten zu können.

Produkttests jenseits von psychologischen Faktoren bieten sich zudem auch an. Problematisch ist hierbei, dass sie meist aufwändig sind, beispielsweise wenn die Zusammensetzung von Lebensmitteln eine Rolle spielt. Das ist im schulischen Rahmen sicher nur äußerst selten möglich. Denkbar ist hingegen, dass beispielsweise Wetter Apps getestet werden: Was sagen die unterschiedlichen Apps voraus und trifft die Voraussage am angegebenen Ort und der jeweiligen

Uhrzeit tatsächlich zu? Auch hier muss eine Methode ausgearbeitet werden, die möglichst vielen Einwänden standhält.

Im gesamten Feld der Marken können auch reizvolle Untersuchungen angesiedelt werden, beispielsweise zu Fragen der Markengebundenheit: Warum meinen die Probanden, dass eine Marke bessere Produkte produziere als eine andere? Sind dies Begründungen, die einer Produktprüfung standhalten? Beispielsweise könnte man untersuchen, ob tatsächlich nur das Smartphone des einen Herstellers die vom Probanden angegebene Funktionen hat oder etwa auch die des anderen Herstellers.

Oder: Inwiefern sind Verbraucher schon seit der Kindheit markengebunden? Hier könnte man auch mit qualitativen Methoden arbeiten und Interviews führen. Denkbar sind auch Untersuchungen, die danach fragen, inwiefern die Sympathie für gewisse Personen auf Werbeplakaten die Neigung zur Kaufbereitschaft fördert? Gibt es hier z.B. Unterschiede bei den Klassenstufen?

An der Schnittstelle zur Geschichte sind Fragen nach Veränderungsprozessen in der lokalen Wirtschaft möglich. So könnte beispielsweise untersucht werden, inwiefern sich die Unternehmensstruktur in der Kommune in einem gewissen Zeitraum verändert hat. Branchenbücher zumindest der letzten Jahrzehnte sollten für die meisten Kommunen vorliegen, die hierfür eine hervorragende Quelle darstellen könnten. Kontakte zu den Orts- oder Stadtarchiven helfen hierbei sicher, die eigenständige Kontaktaufnahme der Schüler/innen wäre dann wichtig.

Es sollten die Grundsätze zum Forschenden Lernen bei allen Untersuchungen eingehalten werden, sodass ein Forschungszyklus durchlaufen wird. Bedeutend ist dabei auch die kritische Reflexion der erhobenen Daten sowie der Erhebungsmethode. Jede Methode hat Schwachstellen. Wenn es Schüler/innen schaffen, die zu erkennen, dann haben sie viel gelernt.

2.3 Weitere Ideen und Hinweise zum Thema Schülerfirmen

Praxisbeispiele für Schülerfirmen liegen mehrere vor (siehe: www.nasch21.de, www.bundes-schuelerfirmen-contest.de). Hier sollen nun einige vorgestellt werden und dabei explizit auf Chancen, aber auch auf Schwierigkeiten in der Praxis hingewiesen werden. Einige befinden sich im Rahmen der „Bildung für nachhaltige Entwicklung“, da sie insbesondere die Möglichkeit zeigen, ökonomische, ökologische und soziale Fragen miteinander zu verbinden.

Schülerfirmen sind in aller Regel temporär begrenzt tätige Unternehmen, oft an einen Kurs gebunden oder auch an den Unterricht im Kontext der Fächer Politik oder Wirtschaft. Auch hier soll es um Schülerfirmen gehen, bei denen die Schüler/innen aktiv werden und ihr reales Produkt versuchen zu verkaufen.

2.3.1 Schulbedarf

An mehreren Schulen wird der Verkauf von Schulbedarf in Form einer Schülerfirma realisiert. Hierzu zählen Produkte wie Schreibhefte, Stifte usw. Der Vorteil liegt auf der Hand: Die Produkte werden von der Zielgruppe direkt am Ort benötigt. Auch wenn häufig sicher Eltern die Schulmaterialien kaufen, ist die Nachfrage immer wieder da, man denke nur an die besagten Klausurhefte, die ein Schüler am Morgen der Klausur vergessen hat. Auch ist es möglich, die Eltern direkt anzusprechen, damit die entsprechenden Produkte dort gekauft werden. Dabei sollte darauf geachtet werden, dass keine Konkurrenz zur örtlichen Wirtschaft aufgebaut wird, ggf. ließe sich eine Kooperationsvereinbarung treffen, beispielsweise dadurch, dass der Einkauf im örtlichen Handel zu besonderen Bedingungen getätigt wird.

Vorteilhaft ist bei einer solchen Schülerfirma sicher auch, dass man sie leicht nachhaltig ausrichten kann, indem auf nachhaltige Produkte der Fokus gelegt wird. Hier kann die Schülerfirma zugleich auch im Rahmen des informellen Lernens etwas zum Thema Nachhaltigkeit beitragen. So könnten Informationstafeln zeigen, dass man durch den entsprechenden Kauf sich nachhaltig verhalten kann. Das Umweltbundesamt verweist z.B. darauf, dass bei der Herstellung von Recyclingpapier – verglichen mit Frischfaserpapier – jeweils rund 60 Prozent Wasser und Energie eingespart werden. Schon bei 1000 Blatt Recyclingpapier (also zwei Packungen Drucker- oder Kopierpapier) spart man so viel Energie wie 70 Computer mit Flachbildschirmen an einem Arbeitstag benötigen (Umweltbundesamt, 06/2009). Ansprechend ist sicher auch, wenn man die eingesparten Ressourcen durch den Verkauf der Schülerfirma den Kunden transparent macht. Hier kann der Nachhaltigkeitsrechner zum Thema Papier helfen, der deutlich macht, wie viel Holz, Wasser, Energie und CO_2 gespart wurde (jeweils im Vergleich zum Verkauf von Frischfaserpapier: papiernetz.de/info/nachhaltigkeitsrechner). Diese Transparenz hat dabei nicht nur die Funktion im Rahmen einer Bildung für nachhaltige Entwicklung, sondern kann ebenso auch ein Verkaufs- und ein Marketingargument sein.

Meist ist ein solcher Verkauf personalintensiv, wenn man ihn beispielsweise mehrfach in der Woche oder gar täglich organisieren will. Das ist aus pädagogischer Sicht gut, da man viele verschiedene Schüler/innen einbinden kann, es muss viel organisiert werden: Ein Plan für den Verkauf muss erstellt werden, die Verkäufer/innen müssen geschult werden (auch hier bietet sich die Kooperation mit der örtlichen Wirtschaft an), es ist hohes Maß an Zuverlässigkeit gefragt. So kann man mit den Schüler/innen durchspielen, wie sie auf Kunden reagieren, wenn ein Geschäft trotz offizieller Öffnungszeit einmal oder mehrfach einfach nicht geöffnet hat.

Schüler mit dem zweiten Automaten, den sie entwickelt haben. (Foto: Schülerfirma Schoolstuff)

Es gibt auch ein Beispiel, da hat ein Schüler ein solches Schulbedarfsgeschäft ganz alleine realisiert. Jeden Tag in der Pause stand der Gemeinschaftsschüler in der Pausenhalle und hat seine Ware angeboten. Allein das Durchhaltevermögen, das er hier gezeigt hat, wird von vielen Unternehmen bei späteren Bewerbungen sicher honoriert werden.

Ein besonderes Beispiel in diesem Kontext bieten zwei Neuntklässler, die zugleich wieder ein Beleg dafür sind, dass man den Schüler/innen viel zutrauen kann und sich mit Bedenken und Zweifel zurückhalten sollte. Sie kamen mit der Idee des Verkaufs an Schulbedarf zu mir, wir besprachen das Vorhaben, ich verwies auf den hohen Personalaufwand, der für zwei Personen entsprechend große Belastungen bedeute. Das führte dazu, dass sie nach alternativen, effizienteren Wegen suchten. Sie schlugen mir vor, sie wollten einen Automaten bauen, der die Personalkosten beim Verkauf selbst deutlich reduzieren würde. Erfahrung hatten die Teenager diesbezüglich keine, ich wäre jede Wette eingegangen, dass es nie solche Automaten in der Schule geben würde. Meine Zweifel stellte ich zurück, ließ sie machen. Und nach den Sommerferien sagten sie, sie hätten den Automaten gebaut, er erkenne alle Münzen, alles sei programmiert usw., sodass er inzwischen gut laufe. Den Automaten präsentierten sie im Wirtschaft/Politik-Unterricht und das war sicher eine der Sternstunden als Lehrer, selten habe ich über Schüler/innen so gestaunt wie in dieser Schulstunde. Und das zeigt vor allem eins: Wir Lehrkräfte sollten die Schüler/innen nicht unterschätzen, sie vielmehr ausprobieren lassen. Vielleicht funktionieren mehrere Ideen nicht, manche aber schon – ganz wie in der realen Welt.

2.3.2 Fair Trade

An mehreren Schulen wird auch erfolgreich der Verkauf von Fair Trade-Produkten organisiert, das geschieht z. T. in Schülerfirmen, zumeist aber auch jenseits davon. Dieser Zugang bietet verschiedene Vorteile: Es ist ein Beitrag zur Bildung für nachhaltige Entwicklung, die Produkte sind in aller Regel konkurrenzlos am unmittelbaren Markt, eine unmittelbare Konkurrenz zur lokalen Wirtschaft gibt es in der Regel auch nicht. Die Fair Trade-Läden werden zumeist ehrenamtlich betrieben, sind Non-Profit-Projekte. Sie bieten sich vielmehr als Kooperationspartner an und in aller Regel werden sie sich darüber sehr freuen, da es deren Hauptinteresse ist, die Fair Trade-Idee weiterzuverbreiten. Insofern kann der Laden vor Ort oder in der Nähe evtl. auch als Lieferant genutzt werden.

Fair Trade Deutschland bietet zudem mehrere Angebote für Schulen. Den Verkaufsstand kann man simpel gestalten, indem man einfach einen Tisch nimmt. Möglich wäre es auch, einen Stand selbst zu bauen. Dies könnte im fächerübergreifenden Unterricht entstehen oder eine Klasse wird damit beauftragt, einen solchen Stand zu bauen, in dem die Ware zwischen den Verkaufszeiten gelagert werden kann. Für diese Klasse hätte es den Vorteil, dass ihr Produkt eine reale Verwendung fände. Auch gibt es einige Projekte, bei denen solche Stände fast ausschließlich aus alten Materialien vom Wertstoffhof gebaut werden, so an der Jacob-Struve-Schule in Horst.

Reizvoll kann es für solche Schülerfirmen im Bereich Fair Trade auch sein, auf die eigene Schule auszustrahlen und die Idee insofern weiterzutragen. Das Siegel Fairtrade-School bietet hierfür einen Rahmen und für die Schule ist es eine Auszeichnung, mit der sie zugleich für sich werben kann (www.fairtrade-schools.de).

2.3.3 Catering aller Art

Oft kommen die Schüler/innen als erstes auf die Idee, irgendetwas Essbares oder Trinkbares zu verkaufen. Der Innovationsgrad ist dabei selten groß, beispielsweise wenn es darum geht, dass Kuchen verkauft werden soll. Für die Schüler/innen werden die Lerneffekte größer, wenn es in irgendeiner Form eine Produktentwicklung gibt. Die kann sich auch im Bereich des Caterings bewegen, beispielsweise indem eigener Finger Food kreiert wird. Auch ist es denkbar, ein eigenes Getränk zu entwickeln – in Uetersen haben Schüler/innen eine Brause kreiert. Hier sei auf das Beispiel der Fritz Kola verwiesen. Zwei Studenten hatten begonnen, ihr eigenes Getränk auf den Markt zu bringen – inzwischen ist es eine ökonomische Erfolgsgeschichte.

Die Ideen im Bereich des Caterings sind vielfältig. Eine Schülerfirma realisierte einmal Milchshakes, nachhaltig produziert. Gerade die nachhaltigen Produkte machten das Endprodukt jedoch etwas teuer, um am Schülermarkt richtig einzuschlagen.

Denkbar sind ebenso Schülerfirmen, die Catering für schulische Anlässe produzieren, man denke an Schulveranstaltungen, ggf. an Elternabende usw. Vorher sollte man sondieren, wie viele solche Abende schulintern vorhanden sind und ob evtl. jenseits der Schule Interesse bestehen könnte. Hier ist jedoch auch auf die örtlichen Unternehmen Rücksicht zu nehmen.

Hervorzuheben ist im Bereich des Kulinarischen die Schülerfirma „Cox und co.“, die Apfelsaft produziert. Das Projekt der Gemeinschaft Mildstedt ist beeindruckend. Das System ist so ausgereift, dass es beispielgebend für andere Schulen sein sollte. Die Äpfel kommen von einer Streuobstwiese, ein Pfandsystem wurde etabliert, man kooperiert mit der Universität Flensburg und mit vielen anderen Partnern. (www.coxundco.de). Die Lehrer/innen berichten von sagenhaften Erfolgen. So haben manche Schüler/innen mit Förderbedarf, denen gerade das Rechnen sehr schwerfiel, auf einmal bei der praktischen Anwendung Rechenwege verstanden, die ihnen vorher nicht zugänglich waren. Inzwischen ist das System so weit entwickelt, dass die Schule sogar eine eigene Mosterei hat, ein Raum im Schulgebäude. Insofern ist „Cox und co." nicht mehr nur ein einfaches Unterrichtsprojekt, sondern hat die Schule geprägt, aus diesem Projekt wurde tatsächlich Schulentwicklung.

Ein solches Projekt lässt sich nur realisieren, wenn es Akteure gibt, die bereit sind, sich sehr, sehr intensiv zu engagieren und das ist wohl der einzige Kritikpunkt, den man hier anbringen kann, zumindest wenn es um die Übertragung auf andere Schulen geht. Schülerfirmen sind auch dann gut, wenn sie nicht zu komplex sind. Aber dem kann man entgegnen, indem man nur Elemente aus diesem Schülerfirmenprojekt verwendet, indem man z.B. mit mobilen Mostereien zusammenarbeitet, nicht geerntete Äpfel wird man zumindest in den ländlichen Regionen des Landes sicher bekommen.

Besondere Vorsicht bei allem, was mit Essen und Trinken zu tun hat, sollte bezüglich der Hygienestandards bedacht werden. Hier ist unbedingt der Kontakt zum zuständigen Gesundheitsamt aufzunehmen, das sicher gerne hilft und in der Regel sehr kooperativ ist. Oft sind dann entsprechende Schulungen der Schüler/innen und beteiligten Lehrkräfte notwendig, dies ist insofern positiv, da Schüler/innen zugleich lernen, dass manche Realisierung in der realen Welt mehr nach sich zieht, als sie vielleicht auf den ersten Blick meinen.

2.3.4 Werbeagentur, Filmproduktionsfirma

Werbung und Marketing sind Tätigkeitsfelder, die die Schüler/innen oft ansprechen. Das verwundert wenig, sind sie doch täglich damit umgeben. Reizvoll kann daher eine Schülerfirma in diesem Bereich sein.

Vorab das größte Problem: Welche Lehrkraft versteht tatsächlich etwas von Marketing, nicht nur auf der Rezeptionsebene, sondern auch hinsichtlich der Produktion? Das werden nur wenige sein, sollte einen aber nicht aufhalten. Auch hier bietet sich wieder die Kooperation mit außerschulischen Partnern an. Die Lehrkraft oder noch besser die Schüler/innen könnten versuchen, solche Kontakte herzustellen. Letzteres hat vor allem zwei Vorteile: 1. Die Schüler/innen müssen aktiv werden und sich darum kümmern, dass sie von jemandem fortgebildet werden, der etwas von der Tätigkeit versteht. 2. Die Chancen, dass ein außerschulischer Partner gefunden wird, sind bei Anfragen von Jugendlichen deutlich größer, als wenn Erwachsene anfragen.

Auch bezüglich der Verbreitung der Marketingprodukte können Kontakte zur örtlichen Presse zielführend sein. Lokale Zeitungen haben beispielsweise immer wieder leere Stellen auf ihren Werbeanzeigen, die intern oft „Füller" (für Füllanzeigen) genannt werden. Wenn die Schülerfirma gerade für ein Non-Profit-Projekt wirbt, stehen die Chancen sicher gut, dass die Zeitung die Vorschläge – kostenfrei – berücksichtigt. Auch wäre es denkbar, dass die örtliche Presse z. B. etwas auf deren Internetseite einbindet. Hierfür gibt es auch reale Beispiele, bei denen das gelungen ist. Gleiches gilt für eine Kooperation mit dem örtlichen Kino. In Uetersen konnten Schüler/innen beispielsweise die Kinobetreiber davon überzeugen, den Werbefilm einer Schülerfirma für ein Schulprojekt mehrere Wochen kostenfrei zu zeigen (siehe Kapitel IV.1.4).

All diese kostenfreien Kooperationen funktionieren vor allem dann, wenn das beworbene Produkt non-profit ist. Hier gibt es an der Schule zahlreiche Projekte, die sich über die kostenfreie Werbung einer schuleigenen Werbeagentur sicher freuen, beispielsweise die Theater AG, das Schulfest oder der Sportwettbewerb. Man könnte hierfür Fördergelder z. B. beim Förderverein beantragen.

Noch ein Beispiel aus dem Segment Marketing sei kurz vorgestellt, und zwar eine Schülerfirma, die Werbefilme produziert. Sie ist aus einem Wahlpflichtkurs hervorgegangen, in dem im Jahr zuvor die Sendungen für das Schülerfernsehen produziert wurden. Zwar nicht direkt hinsichtlich der Werbefilme, aber für die Filmarbeit wurden außerschulische Partner gesucht, gefunden und eingebunden, so der Filmemacher Thorsten Eppert. In der Schülerfirma, die inzwischen im außerunterrichtlichen Kontext stattfindet, können Schüler/innen ihren Interessen nachgehen und auch die Ergebnisse können sich durchaus sehen lassen (www.meynproduction.de).

2.3.5 GOLD, der Fashion Store oder: der Second-Hand-Laden

Knapp drei Milliarden Euro geben Jugendlichen inzwischen jährlich für Kleidung aus, manche Modeunternehmen haben wöchentlich eine neue Kollektion. Unter dem Stichwort „Fast Fashion" wird der schnelllebige Textilmarkt oft beschrieben, das T-Shirt kaufen und ein oder zwei Mal tragen, dann wird das Kleidungsstück entsorgt. Ein riesiger Markt ist entstanden, mit erheblichen Folgen für Mensch und Natur vor allem in den Produktionsländern. Die Produktionsbedingungen sind oftmals katastrophal, die Folgen für die Umwelt z. B. durch das Färben der Textilien ebenso.

Lehrkräfte, die das Thema ansprechen, haben oft ein Problem: Das Aufzeigen konkreter Alternativen, die Jugendliche im Bestfall sogar vor Ort nutzen können. Nicht selten bleibt das Thema daher bei einer Problemanzeige. Eine Alternative könnte die GOLD-Idee sein, ein Fashion Store an der Schule. Anders und weniger zielgruppenspezifisch ausgedrückt: ein Second-Hand-Laden an der eigenen Schule. Vor allem macht eins diese Idee so charmant: Sie ist einfach und schnell umzusetzen. Das größte Hindernis könnte darin liegen, einen Raum zu finden, was an manchen Schulen zugegebenermaßen ein kaum überwindbares Problem darstellt.

Dabei bietet ein solcher Fashion Store für alle Schularten enorme Möglichkeiten der stetigen und kreativen Weiterentwicklung. Der Store muss schick eingerichtet werden, in Uetersen, wo so etwas realisiert wurde, war die Devise: Wir wollen einen Laden, der Jugendliche anspricht, der nicht nur so eingerichtet ist, sondern auch nur schicke Kleidung anbietet.

Darüber hinaus bestehen viele Aufgaben, die man je nach Arbeitskapazitäten ausweiten kann: Die Ware muss organisiert werden – in Uetersen sind es nur Spenden. Die Verkäufer müssen geschult werden, wie man sich in einem solchen Handelsgeschäft verhält, wie man sich auf die Kunden zubewegt, allein hier besteht bereits ein enormes Lernpotential. Auch an dieser Stelle bietet sich wieder die Kooperation mit dem örtlichen Einzelhandel an. Öffnungszeiten müssen geklärt werden. Zudem kann über Aufklärungstafeln nachgedacht werden, um im Rahmen des informellen Lernens die eigentliche Idee der Nachhaltigkeit weiterzutragen.

Besonders bedeutend ist sicher eine zielgruppenorientierte Werbekampagne, damit der Fashion Store in der Schule überhaupt bekannt wird. Dies stellt in Uetersen die größte Herausforderung dar, sodass immer wieder neue Ideen entwickelt werden müssen. Neben einer Werbekampagne wird in Uetersen auf einzelne Aktionen gesetzt, um GOLD zu einem Ort werden zu lassen, an den die jungen Menschen gerne kommen. Beispielsweise trat eine Schülerin in einem Pausenkonzert dort auf oder es wurde jüngst ein Kicker aufgestellt. Schüler/innen können dann ein Schüler/Lehrer-Team herausfordern. So soll die Bekanntheit und Attraktivität von GOLD gesteigert werden, auch wenn manche erst einmal nicht wegen der Kleidung den Store betreten.

Vor allem bietet sich aber an, andere Gruppen der Schule in den Store zu integrieren. Dies kann die Fair Trade AG sein, evtl. auch noch andere Schülerfirmen (beispielsweise eine zum Schulbedarf). Auch wäre es sinnvoll, wenn dort Ausstellungen aus Kunstprojekten stattfinden.

Besonders bedeutend ist darüber hinaus, den Store in unterrichtliche Strukturen einzubinden. So könnte ein Besuch im Unterricht des Faches Wirtschaft/Politik – am besten curricular und damit strukturell verankert – im Kontext von Fragen der Nachhaltigkeit erfolgen, bei denen die GOLD-Schüler/innen durch den Store führen. Auch ist es möglich, den Unterricht mit Schüler/innen mit dem Förderschwerpunkt „Geistige Entwicklung“ dort ab und an stattfinden zu lassen. Dort können sie lebenspraktisch (Rechnen beim Einkauf) lernen.

Lässt sich das Projekt nun weiterempfehlen? Die Zehntklässlerin Goda aus dem Uetersener GOLD-Team meint: „Ja, da es eine großartige Idee ist, um die Nachhaltigkeit in einer interessanten Art und Weise an die Schüler weiterzugeben." Berücksichtigen sollte man jedoch die Gedanken der Schülerin Anna-Lena, „dass Schüler, die solch ein Projekt an ihrer Schule starten wollen, auf jeden Fall eine Menge Ausdauer und Biss beweisen müssen, da es durchaus nicht einfach ist, einen GOLD-Shop an einer Schule zu etablieren." Das ist derzeit auch die größte Herausforderung. Aber Ausdauer zu erlernen, ist doch allein schon ein wichtiges Lernziel, vor allem wenn es ansonsten oft nur um Schnelllebigkeit geht.

2.3.6 Fair gehandelte Textilien aus Biobaumwolle

Schülerfirmen können im Rahmen von Dienstleistungen auch Textilien selbst bedrucken oder bedrucken lassen. Gerade im Bereich von Nachhaltigkeit ist diese Idee sehr vielversprechend, in Uetersen ist eine solche Schülerfirma seit mehreren Jahren tätig, sozusagen das Flaggschiff der Schule im Bereich der (nachhaltigen) Schülerfirmen. Inzwischen hat die Schülerfirma sogar ihre zweite eigene T-Shirt-Kollektion herausgebracht (www.youngandfair.de).

2.3.7 Upcycling-Produkte

Immer wieder ist von Schülerfirmen zu lesen, die im Bereich des Upcyclings tätig sind. Da wird der genannte Verkaufstresen gebaut oder Taschen und Portmonees aus alten Materialien hergestellt. Besonders der Bereich des Nähens kann dabei mehr als reizvoll sein, auch wenn er lange Zeit aus der Mode gekommen und aus den Schulen weitgehend verdrängt wurde. Inzwischen sind aber nicht nur in den Metropolen Nähworkshops auch für Kinder und Jugendliche sehr stark nachgefragt. Dabei bietet das Nähen auch die Chance, individuelle Produkte herzustellen. Dieser Aspekt wird bei (Schüler-)Firmen noch unterschätzt: Die Produktion von Produkten, die auf das Individuum zugeschnitten sind.

2.3.8 Reisebüro

Schülergruppen machen Tagesausflüge, Klassenfahrten usw. Auch hier ist ein Markt vorhanden, der an manchen Schulen von Schülerfirmen bedient wird. Hier ist selbstverständlich große Zuverlässigkeit gefragt, denn wenn sich beispielsweise eine Lehrkraft darauf verlässt, dass eine Fahrt gut organisiert ist, dann muss sie auch klappen. Es sollte in den vertraglichen Vereinbarungen auf den Haftungsausschluss für etwaige Risiken hingewiesen werden, manche Bundesländer lehnen aus diesem Grund dieses Konzept ab.

2.3.9 Eventmanagement

Verwandt mit der Idee des Reisebüros ist die des Eventmanagement. Wie bei allen Schülerfirmen kann auch diese als Non-Profit-Projekt laufen. Die Organisation kann von einem Open Air Kino über Schulball für bestimmte Klassenstufen bis hin zu einem Schulfest gehen. Je größer das Event, desto größer werden die Bedenken in der Lehrerschaft sein. Aber auch hier zeigt sich, dass Schüler/innen dies sehr gut organisieren können, wenn sie hinsichtlich des Projektmanagements richtig eingewiesen sind. Die drei genannten Events hat eine Schülergruppe an ihrer Schule in Uetersen organisiert, inzwischen arbeitet die AG weitgehend eigenständig, die Lehrkraft ist nur noch für Fragen und für den Notfall notwendig. Eines ihrer Events ist ein Ball für Schüler/innen ab der achten Klasse, ein echter Höhepunkt im Schuljahr. (www.meyn-event.de)

2.3.10 Schüler/innenfotos und Jahrbücher

Jahrbücher sind im US-amerikanischen Raum verbreitet, in Deutschland weniger, womit sich für eine Schülerfirma ein großes Potential bietet. Hiermit verwandt ist die Idee der Schulfotografie. Größere Unternehmen haben den Markt weitgehend unter sich aufgeteilt, die Schulen werden mit einigen Geschenken, wie z.B. zusätzlich kostenlosen Schülerausweisen, gelockt.

Die Idee ist attraktiv und verspricht, wenn sie gut umgesetzt wird, große Gewinnchancen. Die größte Herausforderung ist wohl, dass es ein Fotografenteam geben muss, das das Handwerk der Fotografie beherrscht. In Uetersen wurde eine solche Schülerfirma einmal realisiert, eine Kooperation mit dem örtlichen Fotografen sorgte dafür, dass die Schüler-Fotografen entsprechend fortgebildet wurden. Zudem war viel zu organisieren, u.a.: Beleuchtung (lichtstarke Lampen aus dem Baumarkt reichen dort vollkommen aus), Hintergrund, Kamera, Reflektoren und vor allem der ganze Prozess des Fotografierens der einzelnen Klassen und Schüler/innen, hier ist hoher Abstimmungsbedarf innerhalb der Schule notwendig, der durchaus nicht konfliktarm ist. Wenn das aber gelingt, winkt hier eine überaus erfolgversprechende Schülerfirma.

2.3.11 Rechtliche Fragen

Der Aspekt der rechtlichen Fragen kann hier nicht ausführlich dargestellt werden, es muss auf die Regelungen in den einzelnen Bundesländern verwiesen werden, die zum Teil sehr unterschiedlich sind. Einige grundsätzliche Hinweise sollen dennoch erfolgen:

- Wie bereits angesprochen sollte die Konkurrenz zur lokalen Wirtschaft vermieden werden. Im Zweifel sollte man den Kontakt mit dem jeweiligen örtlichen Unternehmen aufnehmen. Auf keinen Fall sollte die Schülerfirma andere Tätigkeiten ersetzen, beispielsweise die Schulreinigung.
- Die Genehmigung von der Schulleiterin oder dem Schulleiter muss eingeholt werden, um die Schülerfirma als Schulveranstaltung anerkennen zu lassen.
- Dienstleistungen, die möglicherweise Haftungen nach sich ziehen, sollten vermieden werden, dabei z.B. Kletterkurse, Reparaturwerkstätten für Fahrräder usw.
- Eine Anmeldung beim Gewerbeamt ist nicht notwendig.
- Steuern: Handelt es sich bei der Schülerfirma um einen steuerfreien Zweckbetrieb, d. h., die Einnahmen sind nicht höher als 35.000 Euro, fällt keine Ertragssteuer an. Sollte die Schülerfirma Einnahmen von mehr als 35.000 Euro erzielen, ist der Gewinn (Einnahmen abzüglich Ausgaben) steuerpflichtig. Für einen solchen Betrieb fällt allerdings nur dann Körperschaftssteuer an, soweit das Einkommen den Freibetrag von 5.000 € pro Jahr übersteigt (Stand: Oktober 2017). Sollte Unklarheit diesbezüglich bestehen, ist es ratsam, Kontakt mit dem örtlichen Finanzamt aufzunehmen. Das kann auch gemeinsam mit den Schüler/innen erfolgen, denn das ist auch für sie hinsichtlich des ökonomischen Lernens sinnvoll.

2.3.12 Startkapital

Nicht nur die Berechnung des notwendigen Startkapitals erfordert von den Schüler/innen praxisnah ökonomische Kompetenzen: Sie müssen die Angebote von etwaigen Zulieferern vergleichen, den Absatz abschätzen usw. So kann eine Berechnung des Startkapitals erfolgen. Wie wirbt man es aber ein?

Der Förderverein der Schule kann ein Weg sein, in manchen Regionen bieten auch Stiftungen die Möglichkeit der Förderung. Ebenso ist die Sponsorensuche ein Weg. Die Schüler/innen sollten aber unbedingt gut vorbereitet in solche – möglichst persönlichen – Gespräche gehen. Evtl. kann man die Unternehmen, die als Sponsoren tätig werden würden, auch dafür gewinnen, die Schülerfirma betriebswirtschaftlich zu beraten (beispielsweise einmal im Monat). Um dies ggf. institutionell zu verankern, lassen sich auch Kooperationsverträge zwischen Schule und Unternehmen schließen.

Auch können Anteilsscheine ausgegeben werden, dies erfolgt z.B. auch im Rahmen des Junior-Projekts (www.junior-programme.de). Für Anteilsscheine kann man auch mit einer Gewinnerwartung werben. Der Vorteil hiervon ist, dass Schüler/innen aktiv werden und für ihr Produkt umfangreich werben müssen. Ggf. ließe sich auch mit den Anteilsscheinen ein Gutschein für das eigene Produkt (oder den günstigeren Kauf) verbinden, dann hat man zugleich den Vorteil, erste Kunden zu gewinnen.

Wenn Schülerfirmen an einer Schule etabliert sind, kann darüber nachgedacht werden, ob ein Fonds für neue Schülerfirmen eingerichtet wird, der sozusagen zinslose Kredite vergibt. Das Geld hierfür könnte aus einer Art „Steuern", die von der Schule erhoben werden, der anderen Schülerfirmen stammen, auch könnte der Fonds wiederum als Schülerfirma organisiert sein, am besten mit Schüler/innen, die schon eigene Erfahrungen im Bereich der Schülerfirmen gesammelt haben. In Uetersen hat sich gezeigt, dass die Schüler/innen in einem solchen Fonds strenger als die Lehrer/innen bei der Geldvergabe sind.

Wo auch immer man das Geld versucht einzuwerben, die Schüler/innen sollten es hauptverantwortlich machen. Wenn das nicht klappt, ist das ein willkommener Anlass für die Reflexion über die Ursachen.

2.3.13 Buchführung

Wichtig ist es, die Rechnungen und Belege ordentlich geordnet aufzubewahren. Das sollten selbstverständlich die Schüler/innen übernehmen. Unaufgefordert sollte dann für die Lehrkraft jederzeit eine Prüfung der Bücher möglich sein, z.B. müssten die Schüler/innen die Unterlagen zu jedem Treffen dabei haben. Aus pädagogischen Gründen kann es sinnvoll, wenn die Unterlagen nicht oder unvollständig dabei sind, Strafzahlungen zu verhängen, die die Schülerfirma dann zu tragen hat.

Mit einer Excel-Tabelle oder einem alternativen Programm lässt sich einfach eine Einnahme-Überschuss-Rechung erstellen, das sollte zumindest für den Einstieg bei den meisten Klassen ausreichen. Das heißt, auf der einen Seite stehen die Einnahmen, darunter:

- Buchungsdatum
- Eingegangener Betrag
- Verkauf an X
- Rechnungsdatum
- Rechnungsbetrag
- Rechnungsnummer
- Menge

Bei den Ausgaben wird notiert:

- Buchungsdatum
- Betrag
- Ware/Vorgang
- Rechnungssteller
- Rechnungsdatum
- Rechnungsbetrag

Am Ende steht jeweils eine Summe, zusammengerechnet zeigen sie an, inwiefern die Schülerfirma gerade rote oder schwarze Zahlen im Geschäftsjahr schreibt.

2.3.14 Berechnung der realen Kosten

Schülerfirmen haben gegenüber regulären Firmen Marktvorteile. Beispielsweise nutzen sie die Infrastruktur der Schule, haben meist keine monetären Personalkosten usw. Damit die Schüler/innen aber lernen, reale Kosten bei Unternehmensgründungen abzuschätzen, empfiehlt es sich, dass sie eine zweite Buchführung anfertigen, bei der diese Kosten ebenso aufgelistet sind. Das heißt: Trifft sich eine Gruppe beispielsweise mit zehn Personen für eine Stunde, könnte jeweils der Mindestlohn angelegt werden, der dann die Lohnkosten (multipliziert mit zehn) für diese Stunde darstellt. Wird ein Raum in der Schule dafür genutzt, könnten die Schüler/innen bei dem Schulträger erfragt werden, wie hoch die Mietkosten für einen solchen Raum wären.

Schüler/innen weigern sich zwar manchmal, solche Rechnungen aufzustellen, sie sind aber sehr sinnvoll, machen sie die tatsächlichen Kosten der Firma transparent. Für uns Lehrkräfte können diese Gedankenspiele auch hilfreich sein, wenn z.B. die Personalkosten für eine Fachkonferenz berechnet werden. Wären die immer bewusst, würde manchmal vielleicht effizienter gehandelt werden.

2.3.15 Einführung einer eigenen Währung

Am Schluss noch eine Idee, die nicht im Rahmen einer Schülerfirma realisiert werden muss oder sollte: die Einführung einer Lokal- oder Regionalwährung. Inzwischen gibt es mehrere dieser Regiogelder, die u.a. zum Ziel haben, die regionale Wirtschaft und zugleich auch soziale Projekte in der Kommune oder der Region zu fördern. Das heißt, es wird ein eigenes Zahlungsmittel geschaffen, mit dem in den teilnehmenden Geschäften der Region bezahlt werden kann. Ziel dessen ist es, dass im Gegensatz zu einem lokalen Gutscheinsystem, bei dem einmal mit einem Betrag X ein Gut erworben wird, hier mehrfach etwas gekauft werden kann. Beispiel: Ein Schüler kauft für 5 „Regiotaler" bei einem

Bäcker etwas ein, der Bäcker zahlt mit diesem Geld einen Teil bei seinem nächsten Friseurbesuch, der Friseur zahlt mit diesem Geld im Supermarkt usw. Das heißt, die Wirkung des Geldes ist im Gegensatz zu einem normalen Gutschein deutlicher größer.

Zumeist wird darauf geachtet, dass die Umlaufgeschwindigkeit des Geldes möglichst hoch ist, indem es in zeitlichen Abständen, beispielsweise nach zwei Monaten, an Wert verliert. Dieser Geldverlust, beispielsweise drei Prozent in zwei Monaten, kann durch den Kauf neuer Marken, die auf den Geldschein geklebt werden, ausgeglichen werden. Mit den Einnahmen aus dem Verkauf dieser Marken werden dann soziale Projekte vor Ort finanziert.

Ein herausragendes Beispiel für eine Regionalwährung ist sicher der „Chiemgauer", der aus der Initiative eines Schulprojektes entstanden ist, das von dem Lehrer Christian Gelleri koordiniert wurde. Um hier einige Zahlen zu nennen: Zwischen 2005 und 2017 wurden hier soziale Projekte im Umfang von 560 000 Euro finanziert (www.chiemgauer.info/informieren/statistik).

Vor einem solchen Projekt sollte man genau planen, wie es nach Beendigung des Unterrichtsprojektes weitergehen wird: Führt die Schule die Währung weiter oder ist sie nur Initiatorin, dann müsste im Projekt geplant werden, wer z.B. die Geldausgabe später vornimmt usw.

Die Einführung einer Regionalwährung ist jedenfalls eine großartige Idee, die dazu beitragen kann, die eigene Kommune oder die Region zu stärken, dies ist in Anbetracht verödender Kleinstädte eine große Herausforderung der Kommunalpolitik. Schule kann hier etwas für die Kommune leisten. Weiterführend sei das Interview mit dem Lehrer Christian Gelleri empfohlen: www.youtube.com/watch?v=VLHVsBsUSkA.

3. Geschichte

In diesem Kapitel werden sowohl methodische Hinweise zur Arbeit im Rahmen von Geschichtsprojekten gegeben als auch Recherchemöglichkeit aufgezeigt. Die bisher von der Forschung als auch den Schulen selbst weitgehend vernachlässigte Schulgeschichte wird als Großfeld für Projektarbeit eröffnet, hier allein sind schon zahlreiche Einzelprojekte möglich. Abschließend werden noch weitere Ideen für Geschichtsprojekte dargelegt.

3.1 Projekte im Feld der Lokalgeschichte – eine große Chance, Altes zu entdecken[10]

Die Vergangenheit bietet eine Vielzahl an Möglichkeiten, etwas zu erforschen, etwas Verborgenes (wieder) hervorzubringen. Gerade der Geschichtsunterricht widmet sich hingegen zumeist dem vermeintlich Erforschten, dem Bekannten. Die Schüler/innen werden dabei als diejenigen Akteure verstanden, denen dieses Wissen vermittelt wird. Die Lehrkraft versteht sich nicht selten als diejenige mit der „Meistererzählung", die sich die Lernenden aneignen sollen. Auch konnte nachgewiesen werden, dass der Geschichtsunterricht zumindest in Schleswig-Holstein ein lehrerzentriertes Konstrukt ist. Man verlässt dabei selten den Klassenraum, nur jeder Vierte der befragten Oberstufenschüler/innen gab an, in der Schulzeit einmal ein Museum oder eine Ausstellung zur Geschichte des 20. Jahrhunderts besucht zu haben. (Zankel, 2016, S. 158)

Es entsteht eine merkwürdige Diskrepanz: Auf der einen Seite befinden sich zahlreiche Themen, gerade hinsichtlich der lokalen und regionalen Geschichte, die nicht aufgearbeitet oder bearbeitet sind. Auf der anderen Seite sind viele Menschen, die sich mit Geschichte beschäftigen (müssen), nämlich die Schüler/innen und die Lehrerkräfte. Selbstverständlich, Schüler/innen sind keine ausgebildeten Historiker/innen. Gleichwohl haben sie Potentiale, die eigentlich gerade für die Bearbeitung der lokalen oder regionalen Geschichte genutzt werden könnten. Der Geschichtswettbewerb des Bundespräsidenten zeigt, dass immer wieder wichtige Ergebnisse durch Schüler/innen hervorgebracht werden.[11]

Im Gegensatz zu den Naturwissenschaften ist es in den Geisteswissenschaften deutlich leichter, wirkliche Forschungserträge zu liefern. So kann der Geschichtsunterricht, ein Wahlpflichtkurs, eine Arbeitsgemeinschaft zur Geschichte oder die Arbeit einzelner Schüler/innen im Rahmen der Hochbegabten- bzw. Hochinteressiertenförderung nicht nur vorhandenes Wissen erfassen und hinterfragen, sondern es ist ebenso möglich, dass bisher Unerforschtes von Schüler/innen entdeckt bzw. aufgedeckt wird und eigene Erzählungen entwickelt werden. Schule kann dann zu einem Ort der Wissensgenerierung werden (Feichter 2015, 276).

---

10 Der folgende Absatz basiert im Wesentlichen auf: Sönke Zankel: Regionalgeschichte mit Schülern erforschen. Zugänge und Möglichkeiten des Forschenden Lernens im Geschichtsunterricht und außerschulischen Kontext, *erscheint in:* AKENS, Informationen zur Schleswig-Holsteinischen Zeitgeschichte, Nr. 57, Kiel 2018.

11 Für Schleswig-Holstein sei exemplarisch verwiesen auf die Aufsätze von Schüler/innen verschiedener Schulen in: Sönke Zankel (Hg.): Skandale in Schleswig-Holstein. Beiträge zum Geschichtswettbewerb des Bundespräsidenten, Landeszentrale für politische Bildung Schleswig-Holstein, Kiel 2012.

Vor allem in kleineren Städten leben meist weniger Menschen, die sich mit der Geschichte des Ortes befassen, was zugleich bedeutet, dass hier noch viele unerschlossene Forschungsfelder zu finden sind. Schule sollte sie nutzen.

3.2 Ergebnisse sichern

Wenn die Arbeitsergebnisse der Schüler/innen gelungen sind, dann sollte darauf geachtet werden, dass sie in irgendeiner Form Bestand haben und nicht schnell wieder verschwinden. Das kann durch die Gestaltung der Internetseite der Schule geschehen, durch eine Dauerausstellung in der Schule, eine App, durch eine Veröffentlichung oder auch nur durch Kopien der Arbeitsergebnisse, die dann in der Schülerbücherei und im Schularchiv liegen. Erst dann besteht die Möglichkeit, dass die geschichtliche Aufarbeitung durch die Schüler/innen zumindest in absehbarer Zukunft Bestand hat und ggf. in der Zukunft fortwirkt.

Denkbar ist es zudem, dass aus den Arbeitsergebnissen der Schüler/innen Materialien entstehen, die in den Geschichtsunterricht der Schule oder auch der benachbarten Schulen einfließen. So könnte die Projektarbeit einen Nebeneffekt haben, der zudem noch nachhaltig sein könnte, wenn auch Lehrkräfte der eigenen oder einer benachbarten Schule die Materialien verwenden. (Siehe zudem Kapitel III.3.6)

3.3 Die Schulgeschichte als unterschätztes Forschungsfeld

Wenn man sich fragt, welche Institutionen es gibt, in denen am meisten Menschen arbeiten, die Geschichte studiert haben, dann fallen einem vor allem zwei ein: die Universitäten und die Schulen. Vergleicht man die Universitäten und die Schulen, dann arbeiten relativ zu anderen Fachkollegen deutlich mehr an den Schulen, die Geschichte studiert haben. Und doch verwundert es, dass die Geschichte der eigenen Schule eigentlich kaum ein Thema in der Schule oder im Unterricht ist.

Bezüglich der Forschung sieht es bei den Universitäten anders aus. Die Geschichte der jeweiligen Universitäten ist inzwischen deutlich besser erforscht. Ende des 18. Jahrhunderts entstanden die ersten wissenschaftlichen Universitätsgeschichten, seit Mitte der 1990er Jahre ist zudem eine größere Forschungsaktivität in diesem Feld zu verzeichnen, und zwar auch jenseits der entsprechenden Jubiläen (Paletschek 2011, 169).

Man mag einwenden, dass Forschung ein zentrales Aufgabenfeld der Universität ist, aber doch bleibt die Frage, warum die Geschichte der eigenen Schule nur selten Thema des Unterrichts oder in Unterrichtsprojekten ist. Denn sie ist noch dichter an den Schüler/innen dran als die jeweilige Kommune, in der sich die Schule befindet – zumal größere Schulen ja einen entsprechenden Einzugsbereich haben und Heimat- und Schulort nicht zwangsläufig identisch sind.

Finden solche Projekte zur Schulgeschichte statt, dann werden sie selten dokumentiert. Dies wird daran liegen, dass sie meist auf eine konkrete Unterrichts- oder Projektssituation bezogen sind und nicht darauf, etwas Bleibendes zu hinterlassen und letztlich die Geschichtsschreibung der eigenen Schule mitzugestalten.

Betrachtet man die Publikationen zu den jeweiligen Schulen, dann sind sie zumeist zu Jubiläen entstanden. Verfasst sind die entsprechenden Schriften im Vergleich zur Anzahl der Schulen dabei selten von Schüler/innen und sie sind auch nur selten ein gemeinsames Produkt von Schüler/innen und Lehrer/innen, sondern wurden oft von Lehrer/innen in Einzelarbeit oder von ehemaligen Schüler/innen verfasst. Nur ein Teil davon genügt wissenschaftlichen Ansprüchen. Man kann es auch zuspitzen: Sollten wissenschaftliche Arbeiten zur Geschichte einer Schule vorliegen, dann sind sie meist ein Zufallsprodukt, bedingt durch das zufällige Interesse und Engagement der jeweiligen Autorinnen und Autoren. Als interessantes Feld ist die Schulgeschichte jedenfalls weder ein forciertes Projekt der Fachdidaktiker noch hat es curricular eine herausgehobene Stellung.

3.3.1 Chancen

Die Beschäftigung mit der Geschichte der eigenen Schule kann motivatorisch überaus positive Wirkungen haben. So konnte in der Praxis beobachtet werden, wie schon einzelne Fotografien aus der Geschichte der eigenen Schule großes Interesse wecken. Schüler/innen müssen den Ort, an dem sie sich fast täglich befinden, einordnen: Sie sehen Gleiches und doch auch Veränderungen, der Wandel in der Zeit wird unübersehbar deutlich. Zugleich bleibt hinsichtlich der Motivation der Schüler/innen ein Vorteil vor allem des forschenden Ansatzes, und zwar dass sie etwas schaffen (können), das Bestand haben, in der Schule bleiben kann, wenn die Ergebnisse entsprechend gut sind. Möglicherweise kann es dadurch gelingen, die Vergangenheit der Schule in die Gegenwart zu holen.

Dabei bietet genau dies eine große Chance für die Schule als Ganzes: Man kann versuchen, der Schule eine Geschichte bzw. eine Geschichtsschreibung zu geben und auch so etwas zu schaffen wie eine Tradition, verstanden als Versuch, sich gegen das Vergessen zu wehren. Dabei geht es nicht um eine Tradition in einem unkritischen Sinne, mit dem die Schulgeschichte bearbeitet werden sollte. Dies widerspräche dem wissenschaftspropädeutischen Ansatz und auch allen geschichtsdidaktischen Theorien. Es geht vielmehr darum, sich der Geschichte der eigenen Schule anzunähern, sie zu reflektieren, vorhandene Narrative zu hinterfragen und zu erkennen, dass diese Veränderungen unterworfen sind. Dies kann zugleich zur stärkeren Identifizierung mit der Institution führen.

Die Beschäftigung mit der Schulgeschichte bietet zudem die Chance, nach Parallelen und Unterschieden im Vergleich zur „großen" Geschichte zu suchen. Exemplarisch kann hier beispielsweise untersucht werden, wie politische Mechanismen in Zeiten der Diktatur wirkten.

Darüber hinaus kann anhand der Schulgeschichte das hinterfragt werden, was das tägliche Geschäft der Schule ist: Vermittlung von „Bildung". Unterschiedliche Bildungs- und Unterrichtskonzepte der Vergangenheit können hinterfragt werden, um damit zugleich auch gegenwärtige Konzeptionen zu reflektieren: Was wollte diese Schule damals vermitteln, was will sie heute vermitteln? Was sollte sie heute vermitteln? So könnte aus der Beschäftigung mit der Vergangenheit eine Orientierung für die Zukunft werden.

3.3.2 Methodische Zugänge

Die Geschichte einer Institution kann auf verschiedene Arten geschrieben werden. Hier soll es aber nicht um das ehrgeizige Ziel einer Gesamtdarstellung einer Schulgeschichte gehen, sondern vielmehr darum, welche methodischen Möglichkeiten es gibt, Teilaspekte mit Schüler/innen zu bearbeiten. Letztlich zeigt auch ein Blick in die zahlreichen Universitätsgeschichten kein wirklich systematisches Vorgehen, vielmehr werden mehrere Ansätze realisiert, stehen oft recht bezugslos nebeneinander. Letztlich muss es u.a. darum gehen, den historischen Wandel der Institution Schule „und ihrer Akteure in ihrem Selbstverständnis, ihrer Aufgabenbestimmung" (bezogen auf Universitätsgeschichte: Paletschek, 2011, 173) und ihren unterrichtlichen Praktiken zu untersuchen. In diesem Rahmen können u.a. folgende Aspekte bearbeitet werden:

3.3.2.1 Biographische Studien

Naheliegend und für die Arbeiten von Schüler/innen gut bearbeitbar sind biographische Ansätze, da das Themenfeld meist überschaubar ist. Personalakten oder Zeitzeugenberichte bieten hier erste Ansätze. Bedacht werden sollte gerade bezüglich biografischer Arbeiten zu den Schulleiter/innen, dass aus ihrem Denken und Handeln nicht zwangsläufig auf die anderen Lehrkräfte und damit ganze Institution geschlossen werden kann. Man muss sich alleine nur vergegenwärtigen, wie zerstritten manche Kollegien waren oder sind, wie isoliert manche Schulleiter/innen. Zudem gilt für die Schulleiter/innen, wenn man die jeweiligen Lehrkräfte befragt, wohl das Gleiche wie für die Lehrer/innen selbst, wenn man ihre Schüler/innen befragt: Zwei interviewte Zeitzeugen werden nicht eine identische Geschichte erzählen.

3.3.2.2 Alltagsleben

Untersuchungen mit Fragestellungen zum Alltagsleben können für Schüler/innen interessant sein, da sie den Wandel der Zeit, aber sicher auch Parallelen zur Gegenwart deutlich machen. Beispielsweise könnte im Rahmen eines Zeitzeugenprojektes danach gefragt werden, wie das Alltagsleben der Schüler/innen in den 1960er Jahren aussah, welche Bedeutung der Schule dabei zukam. Vergleichsarbeiten verschiedener Jahrzehnte wären durchaus interessant. Methodisch ist jedoch bei der Fragestellung zu bedenken, dass mit der Methode der Oral history vor allem nach der Perspektive aus der Gegenwart auf die Vergangenheit gefragt wird, was eben nicht identisch damit sein muss, wie es damals „wirklich war". Im Rückblick wird vieles korrigiert, modifiziert und sicher auch beschönigt (siehe Kapitel III.3.7).

3.3.2.3 Selbstverständnis der Akteure

Die Frage nach dem Selbstverständnis der Lehrkräfte kann den Wandel der Institution verdeutlichen und zugleich den Wandel der Gesellschaft abbilden. Hier können allein schon fotografische Quellen ergiebig sein, die die Veränderung der Kleidung beispielsweise von den 1950ern zu heute an vielen Schulen verdeutlichen. Ansätze können darüber hinaus dadurch gegeben sein, dass nach der Bedeutung von Bildung für die jeweiligen Lehrkräfte oder auch nach ihren zentralen Lernzielen gefragt wird. Gerade in Kleinstädten kann die Frage nach der Verortung im Stadtgefüge erkenntnisfördernd sein, beispielsweise ist zu vermuten, dass sich Studienräte in Kleinstädten tendenziell als intellektuelle Instanz definierten, ggf. auch noch definieren. Lässt sich bei den Lehrkräften so etwas wie ein Habitus als Lehrer/in ausmachen?

Zugleich kann nach dem Selbstverständnis auch der Eltern und der Schüler/innen gefragt werden. Wie sahen sich die Eltern im Verhältnis zu den Lehrer/innen: als Unterstützer der Lehrer/innen, als solche, die das Wort der Lehrkraft ohne Widerspruch akzeptierten oder als Anwälte ihrer Kinder?

Die Schüler/innen nach ihrer Rolle als Schüler/innen zu fragen, bietet zugleich auch Forschungsansätze, u.a. wäre möglich: Wie bewerten sie (rückblickend) das Verhältnis zu den Lehrer/innen? Welche Bedeutung kam der Schule in ihrem Leben zu? Was zeichnet ihre Erzählungen an ihre Schulzeit aus?

Bei allen drei Gruppierungen kann zudem danach gefragt werden, ob es zu der jeweiligen Zeit ein Selbstverständnis der jeweiligen Gruppe oder gar der

Institution insgesamt gab. Besonders interessant ist hier, ob ggf. auch ein politisches Selbstverständnis gab: Hat man sich als politische Lehrer/in oder Schüler/in verstanden? Welches Verhältnis hatte man zum Staat und wie definierte man das Verhältnis zum Kultusministerium und wie äußerte sich das?

3.3.2.4 Personenverband Lehrerkollegium

Während heute etwaige Konfliktlinien gerade an den Gymnasien zwischen der GEW und dem Philologenverband doch weitgehend eingeebnet zu sein scheinen, waren die Konflikte bis zum Beginn der 1990er Jahre vielerorts intensiver und offener. Dies bietet Forschungsansätze: Inwiefern bestanden (bildungspolitische oder politische) Konflikte im Lehrerkollegium? Wie äußerten sich diese Konflikte und wie wurden sie ausgetragen? Hinderlich bei der Erforschung könnte hier ggf. sein, dass sich die Akteure nicht äußern wollen.

3.3.2.5 Sozialstruktur

Die Schülerschaft hat sich an vielen Schulen in den letzten Jahrzehnten extrem verändert. Dies kann zugleich Untersuchungsansätze liefern. Fragen nach der Konfession (bis mindestens Mitte des 20. Jahrhunderts in den Schularchiven oft dokumentiert), nach der sozialen und ethnischen Herkunft können Ansätze liefern.

Ähnliche Fragen lassen sich auch bezüglich der Lehrerschaft verfolgen. Beispielsweise könnte man untersuchen, inwiefern eine mögliche „Feminisierung" der weiterführenden Schulen festzustellen ist – die Begrifflichkeit müsste vorab selbstverständlich definiert werden.

3.3.2.6 Klassenarbeiten und Korrekturen

Sollte ein Schularchiv vorhanden sein, sind meist auch alte Klassenarbeiten archiviert. Sie bieten die Möglichkeiten, Aufgabenstellungen der entsprechenden Zeit näher zu beleuchten. Damit verbunden sind zugleich auch die Lernziele der jeweiligen Lehrkräfte, die sich evtl. aus den Aufgaben, aber auch aus den Korrekturen ermitteln lassen. Auch hier kann wieder nicht nur auf den entsprechenden Zeitgeist geschlossen werden, sondern ebenso können die gegenwärtigen Lernziele im Spiegel der vergangenen hinterfragt werden. Hier wie bei anderen Themen gilt selbstverständlich die Einhaltung von Schutzfristen.

3.3.2.7 Frage nach Narrativen

Wenn schulgeschichtliche Publikationen vorliegen, dann sind sie Ausdruck gewisser Narrationen, also „zeittypischer Deutungsmuster" (Paletschek, 2011,

179). Da die meisten Publikationen zur Geschichte einer Schule oft auf Grund von Jubiläen entstanden sind, werden dort meist Erfolgsgeschichten der Schule präsentiert. Weniger findet man kritische Darstellungen, Narrative, die eine gewisse Distanz zur Institution wahren. Genau dies könnte aber einen Untersuchungsfokus bilden, ebenso diese Narrative zu erkennen, herauszuarbeiten, zu reflektieren und nach möglichen Erklärungen zu fragen, warum die Schulgeschichte in einer bestimmten Zeit genau so geschrieben wurde, wie sie geschrieben wurde. Zugleich kann auch dieser methodische Zugang der „historischen Identitätsstiftung und Selbstvergewisserung" (Paletschek, 2011, 181) dienen.

3.3.2.8 Festkultur

Kaum erforscht ist bisher die Festkultur an Schulen. Dabei bietet sie zugleich verschiedene Möglichkeiten. Allein die Feierlichkeiten beim Schulabschluss stellen ein lohnenswertes Feld dar. Vergleicht man hierbei beispielsweise die heutige Selbstinszenierung von Schüler/innen, dann kann man leicht den Wandel herausarbeiten. Während an manchen Schulen in den 1970er Jahren beispielsweise eher die Abkehr von bürgerlichen Konventionen verbreitet war, was sich u. a. in der Kleidung äußerte, ist heute verstärkt eine Anpassung der Jugendlichen an die etablierte Erwachsenenwelt zu beobachten.

Als Quellen können bei diesen Fragestellungen neben Zeitzeugeninterviews auch die Abschlusszeitungen dienen. Gerade diese Veröffentlichungen bieten methodisch eine anspruchsvolle Aufgabe, die zugleich von den Schüler/innen die Quellenkritik erfordern. So sind viele Texte häufig Zufallsprodukte, da es recht beliebig ist, wer dort jeweils schreibt. Oder wurde der Text mit dem ganzen Kurs abgesprochen, welche Legitimationsgrundlage hat er? Letztlich sagen beispielsweise Abi-Zeitungen tendenziell wohl mehr über diejenigen aus, die dort schreiben als über diejenigen, über die dort geschrieben wird. Viel erfährt man sicher über das Verhältnis von den Schüler/innen, die etwas geschrieben haben, also nicht aller, zu den jeweiligen Lehrkräften.

3.3.2.9 Schülerzeitungen und Schulzeitungen

In eine ähnliche Richtung gehen die Schülerzeitungen als Quelle. Auch sie bieten verschiedene Möglichkeiten, Projekte zu initiieren. Ein großer Vorteil ist dabei, dass es keine Schutzfristen zu beachten gilt. Fragen nach Selbstbildern von Schüler/innen, nach der Wahrnehmung der Institution Schule, nach Autoritätsverhältnissen oder nach dem schulischen Alltag kann hier beispielsweise ebenso nachgegangen werden wie der Frage nach der Art von Themen, die in der jeweiligen Zeit eine Bedeutung hatten. So wäre es interessant herauszuarbeiten, in welchen Zeiten politische Inhalte mit welcher politischen Richtung eine Rolle für die Redakteure der Schülerzeitungen spielten. Quellenkritisch bieten Schülerzeitungen auch viel Potential, ähnlich wie bei Abizeitungen z.B. hinsichtlich der Frage, wer schreibt dort und inwiefern ist das aussagekräftig für die Schülerschaft der Schule zu der jeweiligen Zeit.[12]

Vernachlässigt werden sollten auch nicht Schulzeitungen, für die die Schule und nicht die Schülerschaft verantwortlich sind. Vor allem in der ersten Hälfte des 20. Jahrhunderts verfassten die Schulleiter zudem Jahresberichte, auch liegen z. T. auch Rundbriefe an die Ehemaligen vor. Zu diesen Quellen sind viele Projekte denkbar, beispielsweise hinsichtlich einer ideologischen Orientierung der jeweiligen Schule bzw. der Autorinnen und Autoren.

3.3.2.10 Architekturgeschichte

Der Schulbau selbst bietet ebenso Möglichkeiten, sich der Schulgeschichte zu widmen. Dies kann besonders dann von Interesse sein, wenn das Schulgebäude sich verändert hat, wenn es im Laufe der Jahre erweitert wurde und so verschiedene Baustile Ausdruck der jeweiligen Zeit sind. Hier sind auch Rückkoppelungen an die Sozialgeschichte möglich, indem beispielsweise der Frage nachgegangen wird, warum in welcher Zeit entsprechende Erweiterungen notwenig waren, als jüngstes Beispiel der zunehmende Bau von Mensen auf den Schulhöfen bzw. in deren Nähe. Sie sind selbstverständlich auch Ausdruck eines gesellschaftlichen Wandels. Gleiches gilt für viele Neu- und Anbauten auf dem Gelände der Gymnasien. Oder auch die Konzeption von Klassenräumen, welches Verständnis von Unterricht steckt dahinter? Man vergleiche nur die alten Hörsäle in den Naturwissenschaften und neuere Konzeptionen, bei denen Lehrkräfte und Schüler/innen sich auf einer Ebene befinden.

3.4 Quellenlage und Probleme

Die Quellenlage zu den einzelnen Schulen ist höchst unterschiedlich. Dies liegt beispielsweise daran, dass manche Schulen auf eine lange Geschichte zurückbli-

---

12 Schülerzeitungen sind dabei auch Gegenstand jüngster bildungsgeschichtlicher Forschungen. Verwiesen sei auf das von der Deutschen Forschungsgemeinschaft geförderte Projekt an der Berliner Humboldt-Universität: „Schülerzeitungen der 1950er und 1960er Jahre in der Bundesrepublik Deutschland. Artefakte gymnasialer Schulkulturen und ihr Bedeutungswandel“. www.erziehungswissenschaften.hu-berlin.de/de/historische/forschung/abstracts/schuelerzeitungen-der-1950er-und-1960er-jahre-in-der-bundesrepublik-deutschland-artefakte-gymnasialer-schulkulturen-und-ihr-bedeutungswandel-pause.

cken können, andere aber erst vor einigen Jahren oder Jahrzehnten gegründet wurden.

Für fast alle gilt, dass es Zeitzeugen gibt, (ehemalige) Lehrer/innen, Schüler/innen, deren Eltern sowie weitere Bedienstete, wie beispielsweise den Hausmeister. Zeitzeugen zu finden, ist hingegen nicht allzu schwierig. Aus Datenschutzgründen werden Schüler/innen zwar nicht auf entsprechende Namens- und Adressdateien zurückgreifen können, die Lehrkraft könnte dies hingegen – in Absprache mit der Schulleitung – übernehmen, sodass beispielsweise eine ehemalige Klasse oder Klassenstufe angeschrieben werden kann. Dass manche Adressen nicht mehr aktuell sein werden, ist weniger dramatisch, es werden vermutlich immer genügend Briefe ankommen, in ländlichen Regionen wohl noch mehr als in städtischen Kontexten.

Viele Schulen haben zudem einen Förderverein, dem meist ehemalige Schüler/innen angehören, oder auch einen Ehemaligenverein. Sie werden sicher entsprechende Projekte unterstützen. Zugleich können Aufrufe in den Lokalzeitungen hilfreich sein, auch dies klappt eher in ländlichen Räumen. Die sozialen Netzwerke können ebenfalls genutzt werden. Für die Schüler/innen könnte bei der Suche nach Zeitzeugen vor allem ein erster Arbeitsschritt sein, sich eine Strategie zu überlegen, wie man Kontakt zu den entsprechenden Zeitzeugen bekommt.

Bezüglich der schriftlichen Quellen empfiehlt es sich als erstes, das eigene Schularchiv zu besuchen. Die Schularchive sind sehr unterschiedlich ausgestattet, dies liegt nicht nur daran, wie lange es die Institution gibt, sondern auch, welchen Stellenwert die Schule der eigenen Geschichte zuschreibt. Wichtig ist dabei natürlich, ob es eine verantwortliche Person für das Schularchiv gibt. Dies scheint eher selten der Fall zu sein, in manchen Fällen wird aber selbst die professionelle archivarische Ordnung von örtlichen Archiven angeboten, wenn auch von den Schulen manchmal abgelehnt.

Wie auch immer die Begebenheiten vor Ort sind, das Projekt sollte mit der Schulleitung abgesprochen sein, letztlich muss sie auch den Zugang zum Schularchiv ermöglichen. Viele Argumente, wie die Schulleitung hierfür gewonnen werden kann, wurden bereits genannt. Sinnvoll ist sicher auch eine Initiative zur Errichtung eines Schularchivs – auch das könnte das Ergebnis eines Unterrichtsprojektes sein. Falls man die kommunalen Archive hierfür nicht gewinnen kann, wäre eine Betreuung durch Lehrkräfte möglich, entweder auf Grundlage von freiwilligem Engagement, entsprechenden Entlastungsstunden oder aber auch im Rahmen einer Alterszeitentlastung, die es in manchen Bundesländern gibt. Problematisch hierbei ist sicher, dass die Lehrkräfte nur äußerst selten über entsprechende archivarische Fachkenntnisse verfügen. Gleichwohl: Ein Schularchiv kann die Grundlage dafür werden, dass viele schulgeschichtliche Arbeiten entstehen.

Neben dem Schularchiv finden sich zumeist auch Akten in den jeweiligen Kommunalarchiven, beispielsweise im Stadt- und Kreisarchiv. Auch die Landes- bzw. Staatsarchive haben oft entsprechende Bestände. Hier finden sich zumeist entsprechende Personalakten der ehemaligen Lehrkräfte, ebenso die Entnazifizierungsakten. Grundsätzlich gelten auch hier Schutzfristen. Diese können regional variieren, zumeist gilt die Faustregel: Die Akten sind bis zu 10 Jahre nach dem Tod der entsprechenden Personen bzw., falls das Todesdatum nicht festgestellt werden kann, bis zu 110 Jahre nach Geburt gesperrt. Diese archivrechtlichen Einschränkungen der Recherchemöglichkeiten engen ein, sodass Themen nach 1945 (z. T. auch frühere) zumindest über die Bearbeitung dieser Quellen leider schwerer möglich sind. Bisweilen kann man versuchen, dass die Archive mögliche archivrechtlich problematische Passagen in den Quellen nach Anfertigung von Kopien schwärzen. Dies wird aber auf Grund begrenzter personeller Ressourcen in den Archiven nur selten möglich sein.

Manchmal findet man auch im Bundesarchiv Akten zu der eigenen Schule. Zudem liegt hier u. a. die ehemalige Mitgliederdatei der NSDAP (www.bundesarchiv.de/fachinformationen/01001/index.html.de), sodass bezüglich der NS-Zeit entsprechende Mitgliedschaften in der Partei bzw. deren Gliederungen abgefragt werden können. Auch sind hier Akten vorhanden, die sich u. a. mit oppositionellem Verhalten während der NS-Zeit befassen. Bezüglich möglicher Stasi-Unterlagen sei auf den Bundesbeauftragten für die Unterlagen des Staatssicherheitsdienstes der ehemaligen DDR verwiesen. (www.bstu.bund.de/DE/Home/home_node.html)

3.5 Praxisbeispiele

Von den genannten Möglichkeiten haben Schüler/innen in Uetersen – bisher – mehrere umgesetzt. Dazu gehören zum einen zwei biographische Arbeiten über je einen Schulleiter des Uetersener Ludwig-Meyn-Gymnasiums während der NS-Zeit. Diese Arbeiten hatten den Vorteil, dass das Thema recht eng umrissen war, sodass die Anforderungen für die Schüler/innen zwar groß, aber zugleich für Oberstufenschüler/innen auch angemessen waren.

Problematisch war, dass weder die Schule noch die Stadt über ein Archiv verfügen. Folglich musste auf andere Bestände zurückgegriffen werden. Da beide Rektoren die Schule während der NS-Zeit leiteten, konnten entsprechende Akten gefunden werden. Hier sind die Entnazifizierungsakten zu nennen, die im Landes- bzw. Staatsarchiv liegen. Auch die jeweiligen Personalakten konnten die Schüler/innen einsehen, weil die betreffenden Personen schon vor mehr als zehn Jahren verstorben waren. Da hier die Schulleiter im Zentrum der Untersuchung standen, waren auch die Personalakten von einigen anderen Lehrkräften weiterführend. In einem Fall war es hilfreich, dass einer der Schulleiter publiziert hatte, sodass auch diese gedruckten Quellen herangezogen werden konnten.

Weiterführend waren zudem die Berichte in der Lokalzeitung. Hier war von Vorteil, dass eine entsprechende Ausschnittssammlung in der Schule schon vorlag, anderenfalls hätten zwölf Jahre einer Tageszeitung durchgeschaut werden müssen. Man hätte Aufwand und Ertrag abwägen müssen und letztlich wäre der Motivationsgrad der Schüler/innen entscheidend gewesen, ob man hierzu hätte raten sollen. Da die Fragestellung nicht auf die kommunale Berichterstattung zugeschnitten war, hätte ich von einer solch arbeitsaufwändigen Recherche in der Regel abgeraten.

Zeitzeugen wurden auch herangezogen, kamen zumeist aus dem familiären Kreis. So waren sie weniger für die Frage der politischen Positionen der Schulleiter in der NS-Zeit von Bedeutung. Die Angehörigen hatten ihr eigenes Narrativ, das sich grob zusammenfassen lässt: „Vater war kein Nazi." Hier zeigte sich das, was u.a. von Harald Welzer einige Jahre zuvor herausgearbeitet wurde: Innerhalb der deutschen Familien gibt es bezüglich der eigenen Familiengeschichte eine Erzählung, die sich so zusammenfassen lässt: „Opa war kein Nazi" (Welzer et. al, 2010).

Hinsichtlich des historischen Lernens bot dies eine große Lernchance: Erinnerungen von Zeitzeugen bilden eben nicht das Geschehene ab, sondern sind Konstruktionen (siehe Kapitel III.3.7). Dass gerade mediale Geschichtserzählungen aber häufig über Zeitzeugenerinnerungen erzählt werden, kann hier problematisiert werden.

Die Zeitzeugen ermöglichten zudem, Einsicht in Dokumente aus dem Privatbesitz zu bekommen.

Im Bundesarchiv konnten darüber hinaus noch im Bestand des Berlin Document Centers die Mitgliedschaften u.a. in der NSDAP nachgewiesen werden. Gerade in diesem Fall wäre eine Reise nach Berlin zu zeit- und kostenintensiv gewesen, sodass dort entsprechende Kopien angefordert wurden. Damit blieben Aufwand und Ertrag in einem angemessenen Verhältnis. Bei etwaigen Kopien aus Archiven sollten die Kosten vorher erfragt werden, oft liegen sie bei 50 Cent pro Kopie.

Neben den Zeitzeugen stellten vor allem die Entnazifizierungsakten eine große Herausforderung für die Schüler/innen dar. Vermutlich gibt es wenige Quellengattungen, in denen so viel gelogen wurde wie in Entnazifizierungsakten. Sogenannte „Persilscheine" fanden sich hier zuhauf. Die Schüler/innen mussten dabei auch den Entstehungskontext der Quellen entsprechend deuten, das ist kein leichtes Unterfangen, da Schüler/innen zum Quellenpositivismus neigen und das glauben, was dort geschrieben ist (Schreiber, 2007, 203). Die Aufsätze sind beide in einem Sammelband unserer Schule über die Kleinstadt Uetersen im Nationalsozialismus veröffentlicht worden (Zankel, 2009).

Mehrere andere Arbeiten hatten sich dem Thema Schulgeschichte anders genähert. Sie befassten sich mit den Erinnerungen ehemaliger Schüler/innen an die Schulzeit. Bemerkenswerterweise gibt es zu diesem Thema kaum Studien, insofern betraten die Schülerinnen mit ihren Arbeiten Neuland. Die Fragestellungen waren unterschiedlich, beispielsweise ging es darum, was die ehemaligen Schüler/innen von ihrer Schulzeit erinnern. Dabei stand weniger im Fokus, was sie konkret dort gelernt haben, das lässt sich nur äußerst schwer untersuchen. Vielmehr ging es darum, welche Narrationen von Zeitzeugen über ihre eigene Schulzeit vorgelegt werden. Dabei zeigte sich u.a., dass in den Erzählungen kaum Unterrichtsinhalte eine Rolle spielen, vielmehr geht es darum, welche besondere Kleidung der Lehrer, welche Marotten sie hatte usw.

Für die Schüler/innen bestand die besondere Herausforderung, sich in die unterschiedlichen methodischen Zugänge der qualitativen Forschung hineinzuarbeiten. Eine Schülerin arbeitete beispielsweise mit narrativen Interviews.

3.6 Unterrichtsmaterial für die Schule erstellen

Wie immer in Forschungsprozessen stehen am Ende manchmal Ergebnisse, die durchaus für andere relevant sind. Aber dies ist sicher nicht immer der Fall, im schulischen Kontext entstehen des Öfteren Arbeiten, die nicht so gut gemacht sind, dass ihre Ergebnisse weitergetragen werden sollten.

Falls aber sehr gute Arbeiten entstehen, dann sollten sie nicht in der Schublade verschwinden, sondern der Schule und damit Lehrerinnen und Lehrern angeboten werden. Wie aber angesprochen könnte die Lehrkraft (ggf. gemeinsam mit den Schüler/innen) beispielsweise aus den entsprechenden Arbeiten Unterrichtsmaterialien entwickeln und so die Recherchearbeit der Schüler/innen nutzen. Möglich wäre es selbstverständlich auch, dass die Schüler/innen ihre Ergebnisse nicht in einer Hausarbeit oder einer Präsentation münden lassen, sondern in Unterrichtsmaterialien, die sie dann beispielsweise in der eigenen oder einer anderen Klasse einsetzen. Sollten sich die Materialien als tragfähig erweisen, können sie in die Fachkonferenzen hineingetragen werden. Ein Teil der Schulgeschichte könnte damit strukturell Eingang in den Unterricht finden, denn schließlich sollte es auch darum gehen: Die Geschichte der eigenen Schule in den Unterricht zu holen.

3.7 Umgang mit Zeitzeugen

Die Arbeit mit Zeitzeugen oder auch mit Zeitzeugeninterviews wird im Geschichtsunterricht immer wieder praktiziert.[13] Sie ermöglichen einen besonderen, oft einen persönlichen Zugang zur Geschichte. Nicht die Akte als Quelle steht im Zentrum, sondern ein Mensch, der den Schüler/innen Frage und Antwort stehen kann. Methodische und damit quellenkritische Vorbehalte gegenüber Zeitzeugen sind bei der Arbeit jedoch äußerst wichtig. Sie suggerieren, dass sie angeblich das erzählen, was damals „tatsächlich" geschah, schließlich waren sie ja dabei. Jedoch sind ihre Erinnerungen Konstruktionen, allein schon dadurch, dass die Zeitzeugen damals eben nur einen kleinen Ausschnitt von dem Geschehen beobachten konnten und dabei aus einer jeweils bestimmten Perspektive. Beispielsweise werden Schüler/innen der 1960er Jahre tendenziell einen anderen Blick auf ihre Schulzeit haben als ihre Lehrer/innen oder Eltern.

Für die Arbeit mit Zeitzeugen gilt die Faustregel: Je weiter das Erlebnis zurückliegt und je öfter der Zeitzeuge bisher über das zu Untersuchende gesprochen hat, desto weiter entfernen sich die erzählten Erinnerungen von dem, was dort stattgefunden hat. Gerade bei Themen, die in der nationalen Geschichtskultur öfter diskutiert werden, besteht die Gefahr, dass sich die eigentlichen Erinnerungen beispielsweise mit den Darstellungen von Dokumentationen vermischen. Oder: Sollte im Familienkreis oft über ein Ereignis gesprochen worden sein, vermischen sich die eigenen Erinnerungen mit Erzählungen der Angehörigen bisweilen bis zur Unkenntlichkeit. Es entstehen dann „neue Erinnerungen" (Zankel, 2008, S. 24 ff.), die zugleich auch eine überaus interessante Quelle für Schüler/innen darstellen können, wenn es in den Fragestellungen jedoch weniger darum geht, sich dem anzunähern, was damals geschah, sondern indem beispielsweise die Narrative in einer Kommune über die NS-Vergangenheit des Ortes untersucht werden. Dafür sind auch diese konstruierten Erinnerungen hervorragende Quellen.

Diese methodischen Hinweise und insofern die methodische Arbeit sind bedeutend, da sie für den quellenkritischen Umgang der Schüler/innen gerade mit der medial präsentierten Geschichte wichtig sind. So gibt es immer wieder TV-Dokumentationen, in denen beispielsweise der Enkel einer historischen

---

13 Der folgende Absatz basiert im Wesentlichen auf: Sönke Zankel: Regionalgeschichte mit Schülern erforschen. Zugänge und Möglichkeiten des Forschenden Lernens im Geschichtsunterricht und außerschulischen Kontext, *in:* AKENS, Informationen zur Schleswig-Holsteinischen Zeitgeschichte, Nr. 57, Kiel 2018.

Person auftritt und dem Zuschauer wird damit suggeriert, er sei eine seriöse Quelle, wenn er über die Tätigkeit des Großvaters und seinen historischen Kontext spricht. Aber was konnte er damals eigentlich von der Tätigkeit des Großvaters miterlebt haben? (Erbar 2012) Besonders problematisch ist die Befragung von Zeitzeugen im unterrichtlichen Kontext jedoch vor allem dadurch, dass die Ebene der Emotionen die der sachlichen Analyse sehr leicht überlagert. So zeigt die Arbeit mit Zeitzeugen beispielsweise, wenn zwei gleichzeitig auftreten, dass Schüler/innen oft den „überzeugender" finden, der eindrücklicher, spannender und damit „besser" erzählen kann und dem es erfolgreich gelingt, seine Erzählung emotional aufzuladen. Auch die vorliegenden empirischen Befunde zur Arbeit mit Zeitzeugen im Unterricht zeigen diese Problematik auf: So tendieren die Schüler/innen dazu, die Darstellungen der Zeitzeugen als „historische Wahrheit" zu verstehen, sie sind gefährdet, sich von den Zeitzeugen überwältigen zu lassen (Bertram, Wagner und Trautwein, 2017). Eine Möglichkeit für das Forschende Lernen oder auch nur im konventionellen Unterricht ist, diese Wirkungsmechanismen herauszuarbeiten, um damit zugleich zu zeigen, wie wirkungsmächtig sachfremde Aspekte für das eigene Urteil sein können. Dies ist sicher alles andere als eine leichte Aufgabe.

3.8 Kreatives Schreiben und Geschichte

Inzwischen ist der Geschichtswettbewerb des Bundespräsidenten eine Institution für Forschendes Lernen im Fach Geschichte. Alle zwei Jahre begeben sich Schüler/innen auf die lokal- und regionalgeschichtliche Spurensuche, sie forschen in Archiven, befragen Zeitzeugen und erstellen oft auf der Grundlage aufwändiger Recherchen Arbeiten. Manchmal schließen diese sogar Forschungslücken. Forschendes Lernen, hier seit Jahren ein Erfolgsrezept beim historischen Lernen.

Zumeist sind die Arbeiten der Schüler/innen rein sachlich konzipiert und orientieren sich an der Wissenschaftspropädeutik. Hier soll ein Ansatz vorgestellt werden, bei dem das lerntheoretisch sinnvolle Forschende Lernen um das Element des kreativen Schreibens erweitert wird.

Bei den Beispielen haben sich die Schüler/innen der Lokalgeschichte gewidmet, aber nicht versucht, die Vergangenheit im Sinne einer Annäherung an eine Tatsachensicherung zu erforschen. Sie hatten vielmehr die Aufgabe, sich in die historische Situation hineinzuversetzen, die einstigen Wertvorstellungen der Akteure nachvollziehen zu können. Die Quellenforschung gab es, sie war aber nur die Grundlage für das Schreiben eigener, „fiktiver" Geschichten. Die Schüler/innen sollten sich also kreativ schreibend mit der Geschichte auseinandersetzen.

Bisher haben wir zwei Mal diesen Ansatz umgesetzt, einmal ging es um das Thema Weihnachten in den 1950er Jahren in Uetersen und einmal um das Thema Flucht und Vertreibung. Letzteres hatte einerseits einen historischen Kontext, zugleich waren aber auch Fragen zur Flüchtlingsfrage 2015/16 möglich. Beide Projekte richteten sich an Acht- bis Dreizehnklässler, waren außerunterrichtlich angelegt, die Vorbereitung fand an einem eintägigen Workshop für die Schüler/innen statt. Man kann den Ansatz aber ebenso auch auf jüngere Schüler/innen übertragen, auch ist es möglich, das Konzept auf Klassen und damit den Unterricht zu beschränken, dabei bietet sich ein fächerübergreifendes Arbeiten selbstredend an.

3.8.1 Recherche beim Projekt kreatives Schreiben

Das Grundgerüst des Konzepts hat vier Bausteine. Die ersten beiden wurden in einem eintägigen Workshop realisiert. Der erste Baustein umfasste jeweils die Nachforschungs- und Inspirationsphase und bot dabei verschiedenste Zugänge zum Thema. Bei beiden Themen begannen wir mit Filmaufnahmen, die einen ersten Einblick in die Thematik und die jeweilige Zeit geben sollten. Da wir auch für beide Projekte Zeitzeugen eingeladen hatten, mussten die Interviews vorbereitet werden. Das heißt, anschließend an den filmischen Zugang und der Klärung von Unklarheiten entwickelten die Schüler/innen jeweils Interviewfragen, die sie den Zeitzeugen stellen konnten.

Durch die Zeitzeugen war ein persönlicher, biographischer Zugang zum Thema möglich. Wir gewannen sie über einen Aufruf in der Lokalzeitung. Ebenso wäre es möglich, über die entsprechenden Vereine und Verbände Zeitzeugen zu gewinnen: Eine Anfrage beispielsweise bei dem Seniorenbeirat kann dabei ebenso helfen wie eine bei den Vertriebenenverbänden, wenn es um das Thema Flucht geht.

Zumindest kurz sei hier noch einmal auf die Problematik des Einsatzes von Zeitzeugen verwiesen (siehe Kapitel III.3.7). Sie präsentieren *eine* Erzählung, *eine* Narration, die von ihrer eigenen, ihrer subjektiven Wahrnehmung geprägt ist. So erzählen die Zeitzeugen bei dem Thema Flucht die Geschichte der Vertriebenen oft ausschließlich als Opfergeschichte, das vorangegangene nationalsozialistische Unrecht wird meist ausgeklammert. Man sollte diese quellenkritische Problematik thematisieren, inwieweit, sollte die Lehrkraft nach Einschätzung der jeweiligen Lerngruppe selbst entscheiden.

Darüber hinaus können den Schüler/innen auch andere Recherchemöglichkeiten eröffnet werden. Bei dem Weihnachtsprojekt ermöglichten wir beispielsweise die Recherche im Archiv der Lokalzeitung. Dies bot sich bei diesem

Thema an, da die Suche nach den Artikeln nicht zu umfangreich war: Es ging immer um die Weihnachtszeit, sodass nicht pro Jahr über 300 Ausgaben hätten durchsucht werden müssen – wie die Suche nach der Nadel im Heuhaufen. Bei der Zeitungsrecherche war nicht nur der Blick in die Presseberichterstattung zur damaligen Weihnachtszeit wichtig, sondern zugleich auch auf die damals beworbenen Produkte. Nach dem Workshop haben die jungen Autorinnen und Autoren eigenständig recherchiert, beispielsweise durch die Befragung ihrer Großeltern. All dies bot ihnen bei diesem Beispiel die Möglichkeit, etwas über die Zeit (die 1950er Jahre), den Raum (Uetersen) und die Kultur (das Weihnachtsfest) zu erfahren. Sie äußerten sich in der Auswertung der Projekte sehr positiv über diese Recherchewege. Man könne, so eine Schülerin, „auf diese Weise am besten die Zeit nachempfinden."

3.8.2 Ideenentwicklung für das kreative Schreiben

Der zweite Baustein (in dem Workshop) umfasste eine Einführung in das kreative Schreiben. Nach der Erarbeitung von Kennzeichen einer Kurzgeschichte wurde das Cluster-Verfahren beim kreativen Schreiben angewendet: Ausgehend von eigenen und vorgegebenen Begriffen zum Thema (bei dem einen Beispiel: 1950er Jahre, Weihnachten, Uetersen) sollten die Schüler/innen Assoziationen notieren. Durch die hier entwickelten Ideen und die Rechercheergebnisse konnte anschließend ein mögliches Konstrukt einer Erzählung entstehen.

3.8.3 Verfassen der Geschichten

Der dritte Baustein kann vollständig und teilweise eigenständig durch die Schüler/innen erfolgen. Hier verfassen sie zu ihren Rechercheergebnissen ihre eigenen Geschichten. Möglich ist es, den Zwischenstand oder auch eine vorläufige Fassung der Lehrkraft vorzulegen oder auch den Mitschüler/innen, um den Korrekturaufwand für die Lehrkraft einzugrenzen. Entscheidet man sich für die Variante des gegenseitigen Korrigierens – z.B. im Rahmen einer Korrekturwerkstatt –, dann sollte dies anhand vorgegebener Kriterien erfolgen. Andernfalls wissen viele Schüler/innen oft nicht, was sie eigentlich konkret korrigieren sollen. Zu einem am Beginn festgelegten Termin mussten dann alle ihre Texte abgeben. Im Rahmen eines schulinternen Schreibwettbewerbs wurden die Arbeiten anschließend bewertet.

Wir Lehrkäfte waren in stilistischer Hinsicht und auch bezüglich der Komposition der Erzählungen sehr positiv überrascht. Uns wurde klar, dass hier Talente schlummern, die wir bei unserem manchmal vielleicht etwas „kopflastigen" Unterricht zu selten erkennen. Der Ansatz dieses Projektes, dem Bedürfnis nach einer selbstverantwortlichen Weltaneignung mithilfe des kreativen Schreibens entgegenzukommen, zahlte sich aus. Das Resultat war, dass Geschichte in Geschichten erlebbar wurde.

3.8.4 Die Bewertung

Der genannte Schreibwettbewerb stellte den Rahmen für die Bewertung, also keine Notengebung im Rahmen des Fachunterrichts, auch wenn dies selbstverständlich möglich ist. Wir haben bisher zwei Verfahren der Bewertung angewendet: Bei dem ersten Schreibwettbewerb übernahmen zwei Lehrer, die das Projekt realisierten, die Bewertung. Dies hatte den Vorteil, dass wir selbst die Bewertung kontrollieren und uns nicht mit noch mehr Personen absprechen mussten.

Bei dem zweiten Wettbewerb gingen wir anders vor, wählten das aufwändigere, aber auch überzeugendere Bewertungsverfahren: Hier installierten wir eine Vorjury, die ein Oberstufenkurs im Deutschunterricht übernahm. Sie entwickelten im Fachunterricht Bewertungskriterien, um anschließend die eingereichten und von den Lehrkräften anonymisierten Geschichten zu bewerten. Sie trafen eine nach zwei Altersstufen sortierte Auswahl. Mit dieser Auswahl ging es in die zweite Bewertungsinstanz: Eine Jury aus Lehrer/innen und Schüler/innen war zusammengekommen, diskutierte die ausgewählten Geschichten und traf eine Auswahl, wer bei dem Schreibwettbewerb gewinnen sollte. Der Vorteil dieses Ansatzes liegt auf der Hand: In der Oberstufenklasse wurde sich nicht nur mit dem Wettbewerbsthema (in diesem Fall Flucht und Migration) auseinandergesetzt, sondern vor allem auch damit, was gute literarische Texte ausmacht. Da die zweite Jurysitzung öffentlich stattfand, gab es zudem schulöffentlich eine Diskussion über Texte, was allein schon als positiv im Sinne einer Schulkultur gewertet werden kann. Für den nächsten Schreibwettbewerb steht schon fest: Wir wollen die Jurysitzung ausweiten, zu einem schulischen Event machen, Getränke anbieten, die Geschichten in Auszügen vorlesen lassen, das Publikum in die Diskussion einbinden usw. Den Gedanken sind da keine Grenzen gesetzt.

3.8.5 Präsentation der Ergebnisse

Der vierte Baustein ist genau genommen fakultativ, hat zugleich aber einen besonderen Reiz. Da uns Lehrer mehrere Geschichten überzeugten, entschlossen wir uns, sie zu veröffentlichen. Eine solche Buchveröffentlichung hatten wir auch am Beginn des Wettbewerbs bzw. Workshops in Aussicht gestellt, jedoch unter der Voraussetzung, dass genügend gute Geschichten entstehen.

Bei dem Weihnachtsprojekt verfuhren wir so. Acht Geschichten veröffentlichten wir in einem Buch (Feldhaus und Zankel, 2011). Zwei besonders gelungene Geschichten nahmen wir zudem noch als Audiodatei auf und manche der Bücher gab es als Sonderedition mit „Hörbuch", das die beiden Geschichten umfasste – gelesen von den Autorinnen.

Die Nachfrage nach dem Buch war groß, wenn man bedenkt, dass sich die Schule in einer 18 000 Einwohner zählenden Kleinstadt befindet. Die rund 650 gedruckten Bücher waren innerhalb von rund fünf Wochen ausverkauft.

Zudem bestand die Möglichkeit, die Arbeitsergebnisse lokal vorzustellen. So lasen die Schüler/innen ihre Geschichte im Altenheim, bei verschiedenen Weihnachtsfeiern in den Kirchen oder auf dem örtlichen Weihnachtsmarkt vor. Auch bietet sich die Möglichkeit mit den Kolleginnen und Kollegen beispielsweise vom Darstellenden Spiel zu kooperieren. Bei dem Projekt zu Flucht und Migration sind wir so verfahren, eine Kollegin hat ausgewählte Geschichten mit ihrem Kurs verarbeitet, so sind manche Erzählungen (bzw. Ideen davon) auf die Bühne gekommen. Für die Schüler/innen eine tolle Sache.

3.8.6 Rückmeldungen von Schüler/innen und Außenstehenden

Die Rückmeldungen zu den Projekten waren äußerst positiv. Hier seien einige zu dem Weihnachtsprojekt wiedergegeben. So schrieb eine Schülerin: „Das Schulprojekt war ausgesprochen toll, da es für Schüler eine Herausforderung darstellte, durch schriftstellerische Eigenleistung ein bestimmtes Ziel zu erreichen, sich mit der Heimat und der Historie auseinanderzusetzen und somit seine Allgemeinbildung zu erweitern, seinen kreativen Geist zum Leben zu erwecken und das mit dem Gefühl von Realismus zu koppeln. Ein Projekt dieser Art sollte unbedingt wiederholt werden!!!"

Ähnlich positiv war auch die Rückmeldung von denen, bei denen die Schüler/innen ihre Geschichten vorlasen, so bei einer kirchlichen Weihnachtsfeier. Die Rückmeldung eines Pastors macht die soziale Dimension des Projekts deutlich: „Nach dieser Weihnachtsfeier fehlen mir doch etwas die Worte. Es war wirklich sehr bewegend. Insbesondere die Geschichte von Marie-Christin hat viele der Senioren sehr bewegt, einer ganzen Reihe standen die Tränen in den Augen. Besonders offenbar dadurch, dass sie die Geschichte selbst vorgelesen hat. [...] Als die beiden [Schüler/innen] vorgelesen haben, war es so still, wie ich das bislang noch nie erlebt habe. Es sind nach der Feier sehr viel mehr Menschen als sonst gewesen, die mich angesprochen haben. Die meisten mit dem Tenor: ‚Ja. So ist es gewesen' – und dann hat sich die eigene Geschichte angeschlossen und es sind eine ganze Reihe sehr feiner Gespräche entstanden. So sind die Geschichten Ihrer SchülerInnen in vielerlei Hinsicht Türenöffner gewesen."

3.8.7 Fallstricke

Beim zweiten Projekt haben wir im Rückblick einen Planungsfehler begangen, den man jedoch leicht vermeiden kann. Lediglich rund 50 Prozent der Schüler/innen gaben eine Kurzgeschichte ab. Dies lag wohl daran, dass wir ihnen mit zwei Monaten zu viel Zeit für die Fertigstellung ließen. Für viele, vor allem jüngere Schüler/innen, scheint das ein kaum planbarer Zeitraum zu sein. Wir werden den Zeitraum beim nächsten Mal verkürzen.

3.9 Quellen finden und Ansätze für weitere Forschungsprojekte

Historische Projekte, die einen Fokus auf dem Forschenden Lernen haben, bedeuten immer auch, dass die Lehrkraft im Vorfeld Zeit investieren muss. Wie viel Zeit erforderlich ist, hängt von verschiedenen Faktoren ab, beispielsweise von dem Thema oder der jeweiligen Quellen- bzw. Archivlage. In jedem Fall ist dringend erforderlich, vorher entsprechend zu recherchieren. Im Folgenden werden einige Archive kurz vorgestellt, dazu auch Ideen für Projekte mit einem wissenschaftspropädeutischen Anspruch. Einen genauen Überblick, welche Archive es in Deutschland und damit auch jeweils vor Ort gibt, findet man auf der Internetseite der Archivschule Marburg (www.archivschule.de/DE/service/archive-im-internet).

Vor der Nutzung der Archive sollten die Schüler/innen darauf hingewiesen werden, dass dort einige Regeln zu beachten sind. Vor allem sollten sie auf die Quellen Acht geben, denn zumeist handelt es sich um Unikate. Zudem dürften Akten oder Teile davon nicht ungefragt einfach digitalisiert, also beispielsweise abfotografiert werden.

3.9.1 Archiv der Lokalzeitung

Für Schülerprojekte eignen sich sehr gut Ansätze mit dem Fokus auf die kommunale Berichterstattung. Zumeist gibt es mindestens eine Lokalzeitung vor Ort, die zugleich über ein entsprechendes Archiv verfügt. Sollten die Zeitungen dort nicht zugänglich sein, liegen sie meist in einem der kommunalen Archive (der Stadt, der Nachbarstadt oder z.B. des Landeskreises).

Projekte zur kommunalen Berichterstattung bieten zahlreiche Vorteile: Man kann den Umfang der Recherche je nach Schülergruppe anpassen, indem man beispielsweise den Untersuchungszeitraum entsprechend setzt. An zwei Beispielen erläutert: Ein Zehntklässler war historisch äußerst interessiert, er musste Impulse bekommen, gefördert werden. Für ihn war es genau richtig, ihn umfangreich recherchieren zu lassen. So ging er der Frage nach, inwiefern die hiesige Lokalzeitung zwischen 1933 und 1945 über die Juden berichtete, und arbeitete alle Ausgaben der Lokalzeitung durch. Heute studiert er Geschichte.

In einem anderen Fall stellte sich schnell heraus, dass die Rechercheenergie neben dem normalen Unterricht – das muss in den entsprechenden Fällen immer bedacht werden – nicht außergewöhnlich hoch war. Das Team untersuchte dann die Berichterstattung von insgesamt vier Ereignissen aus der NS-Zeit, beispielsweise den Kriegsbeginn 1939. Auch wenn hierzu noch die entsprechende Recherche nach Sekundarliteratur kam, ließ sich der Aufwand so doch begrenzen, was dem Wunsch der Schüler/innen entsprach. Man kann also kleine Projekte zu bestimmten Ereignissen initiieren, da immer relativ sicher ist, dass Quellen, also Zeitungsberichte, vorhanden sind.

Besonders positiv ist an solchen Projekten, dass man keinerlei Probleme mit schutzwürdigen Belangen hat. Dies ist insofern auch positiv, da zahlreiche Themen damit möglich sind, auch der jüngsten Vergangenheit kann man sich ohne Probleme widmen. Zudem hält sich die Vorabrecherche für die Lehrkraft in Grenzen – ein Besuch im Archiv der Zeitung kann auch mit einer Fachkonferenz verbunden werden, dann hat sie gleich einen Fortbildungsanteil und ggf. kann man auch weitere Kolleginnen und Kollegen dafür begeistern.

Ein Vorteil von Arbeiten mit der Presseberichterstattung ist, dass man weitgehend problemlos den Fokus auch auf überregionale Themen und Presseorgane richten kann. Soll beispielsweise der Frage nachgegangen werden, inwiefern die Süddeutsche Zeitung und die FAZ über die Demonstrationen zum NATO-Doppelbeschluss berichtet haben, wäre eine thematische und zeitliche Eingrenzung leicht möglich. Die überregionalen Zeitungen und Magazine liegen meist in den größeren Bibliotheken vor, für Schulen im großstädtischen Raum sollte der Zugang also kein großes Problem darstellen. Für die anderen gilt, dass eine Bestellung über die Fernleihe der lokalen Bücherei in der Regel möglich ist. Dies gilt ebenso für ältere Zeitschriften, die durchaus interessant sein könnten. Man denke beispielsweise an die Organe der Lehrerverbände wie die Zeitschrift des Nationalsozialistischen Lehrerbundes. Damit wäre zugleich wieder ein Bezug zur Schul- bzw. Bildungsgeschichte möglich.

3.9.2 Stadt- und Kreisarchive

Die meisten Städte und Landkreise verfügen über eigene Archive. Wie die Quellenlage dort konkret aussieht, lässt sich am besten vor Ort prüfen. Zudem sind Gespräche mit den Archivaren hilfreich, sie zählen zu denjenigen, die sich nicht nur in dem jeweiligen Archiv am besten auskennen, sondern auch die Publikationen recht gut kennen. Wenn sie interessiert und engagiert sind, dann haben sie immer Tipps, welche Themen untersuchungswert sind. Die Absprachen sind insofern wichtig, um den Archivaren zu verdeutlichen, dass die Themen nicht zu umfangreich sein sollten.

3.9.3 Landesarchive, Staats- und Hauptstaatsarchive

Wie bereits erwähnt, liegen in den Landes- und Staatsarchive meist die jeweiligen Entnazifizierungsakten. Auch Personalakten von Staatsbediensteten lagern hier. Reizvoll können zudem mögliche Gerichtsverfahren sein. Die Akten der Staatsanwaltschaften sind zwar nicht immer vollständig überliefert, in einigen Fällen aber doch. Dann ist es möglich, nicht nur die Anklageschrift sowie das Urteil einzusehen, sondern auch Vernehmungsprotokolle, die polizeilichen Korrespondenzen usw. Gerade diese Fälle sind für Schüler/innen nicht selten sehr gut geeignet, da die Fälle meist eng umrissen sind. Schüler/innen in Uetersen arbeiteten beispielsweise mit zwei Verfahren, das eine widmete sich eine der „Zeugen Jehovas“, bei dem anderen hörte eine Frau im Zweiten Weltkrieg sogenannte „Feindsender“ ab. Beide Verfahren stammten aus der NS-Zeit. Für zeitlich später datierte Verfahren wird man häufig Probleme mit den entsprechenden Schutzfristen bekommen, aber auch hier gilt natürlich: Gespräche mit den Archivaren können diese Fragen klären.

3.9.4 Bundesarchiv

Das Bundesarchiv hat mehrere Standorte und verfügt über zahlreiche Bestände, vom Heiligen Römischen Reich bis zur jüngeren Zeitgeschichte (www.bundesarchiv.de/index.html.de). Für die NS-Zeit können hier u.a. die Bestände des Volksgerichtshofs interessant sein, zudem die Bestände des ehemaligen Berlin Document Centers (BDC). Nach dem Ende des Zweiten Weltkriegs wurden im BDC Dokumente aus der NS-Zeit gelagert. Dazu zählen u.a. die zentrale Mitgliederkartei der NSDAP (rund 12 Millionen Karteikarten), Parteikorrespondenz (rund 1,3 Millionen Akten), Personalunterlagen der SA (rund 550000 Akten) und SS (rund 350000 Akten) (www.bundesarchiv.de/benutzung/zeitbezug/nationalsozialismus/00299/index.html.de).

Für die NS-Zeit kann der Standort Ludwigsburg auch noch von Interesse sein, da man hier einen fast vollständigen Überblick über die an westdeutschen Staatsanwaltschaften und Gerichten anhängigen NS-Verfahren erhalten kann (www.bundesarchiv.de/benutzung/zeitbezug/nationalsozialismus/01587/index.html.de).

3.9.5 Stasi-Unterlagen

Die Behörde des Bundesbeauftragten für die Stasi-Unterlagen bietet weitere Möglichkeiten für historische Projekte. Hier liegen nicht nur die Unterlagen, die u.a. das Personal der Staatssicherheit und die jeweils Überwachten betreffen, zugleich sind hier Akten beispielsweise über westdeutsche Politiker zu finden, auch betreffend der NS-Zeit. Als Schule genießt man gewisse Vorteile, beispielsweise bei der Anfertigung von Kopien. Es sollte aber in jedem Fall ein mindestens mehrmonatiger Vorlauf eingeplant werden, da die Bearbeitungszeit der Anfragen zum Teil relativ lange dauert. Auch hier empfiehlt sich eine konkrete Kontaktaufnahme mit der Behörde vorab (www.bstu.bund.de/DE/Home/home_node.html).

3.9.6 Kirchliche Archive

Oft wenig beachtet wird die Kirchengeschichte bei schulischen Geschichtsprojekten. Dabei haben Kirchen ebenso Archive wie Städte oder Länder. Verwiesen sei beispielsweise auf die Kirchenarchive der einzelnen evangelischen Landeskirchen. Auch die Kirchenkreise verfügen über Archive, diesbezüglich kann bei der Verwaltung der jeweiligen Gemeinde angefragt werden.

3.9.7 Widerstandsakten

Ein leider kaum bekannter, vermutlich von Lehrkräften annähernd nicht genutzter, aber dennoch sehr wertvoller Quellenbestand ist sehr leicht zugänglich. Die Münchner Historiker Jürgen Zarusky und Hartmut Mehringer haben in den 1990er Jahren für das Institut für Zeitgeschichte zahlreiche Verfahren gegen Widerstandskämpfer in der NS-Zeit zusammengetragen, systematisch erfasst und meist Anklageschrift und Gerichtsurteil veröffentlicht (Zarusky und Mehringer, 1998). In dem Erschließungsband der Mikrofiche-Edition kann man auch nach den jeweiligen Orten recherchieren, um beispielsweise zu prüfen, ob sich Verfahren gegen Bewohner/innen aus dem Schulstandort finden lassen.

Auch wenn man die Mikrofiche-Edition zwar über die Fernleihe der Büchereien bestellen kann, so wird sie aus technischen Gründen nicht überall einzusehen sein. In diesem Fall sei darauf verwiesen, dass die Edition inzwischen Teil einer Datenbank ist, auf die man von mehreren großen Bibliotheken aus zugreifen kann. Darüber hinaus bietet die Datenbank auch weitere Dokumente zur NS-Geschichte zum Recherchieren, insgesamt rund 40 000 Quellen mit ca. 450 000 Seiten (rzblx10.uni-regensburg.de/dbinfo/detail.php?titel_id=6568&bib_id=ifz). Ob die örtliche Bücherei hierauf zugreifen kann, muss jeweils dort geklärt werden.

3.9.8 Schularchiv

Zur Schulgeschichte wurde bereits auf das Schularchiv verwiesen. Es ist zu empfehlen, sich hier einen Überblick über die vorhandenen Bestände zu verschaffen.

3.10 Weitere Ideen für Geschichtsprojekte

Im Folgenden werden einige Ideen für den Bereich des Forschenden Lernens skizziert, die vermutlich an den meisten Schulstandorten realisiert werden können. Dabei werden lokal- bzw. regionalgeschichtliche Ideen ebenso skizziert wie solche, die nicht an den geographischen Nahraum gebunden sind.

3.10.1 NS-Geschichte vor Ort

Im Bereich der NS-Geschichte sind zahlreiche Themen möglich. Das Feld des Widerstands bietet sicher viele Ansatzpunkte, vielleicht nicht unmittelbar auf die Stadt der Schule bezogen, aber doch auf den Umkreis. Die meisten Oppositionellen stammten aus der Arbeiterbewegung, mit etwas Glück lassen sich noch entsprechende Quellen finden (siehe Kapitel III.3.9, insbesondere III. 3. 9. 7.).

Für Schüler/innen interessant kann auch ein familiengeschichtlicher Zugang zur NS-Geschichte sein. Hier können sie mithilfe von Interviews herausarbeiten, welche Narrative über die Familiengeschichte in der NS-Zeit vorhanden sind. Dabei geht es weniger darum, ob die Erzählungen den Tatsachen entsprechen. Bezüge zu der Studie von Harald Welzer können überaus interessant sein (Welzer et. al. 2010). Er hatte herausgearbeitet, dass in den deutschen Familien vor allem die Geschichte über die eigenen Vorfahren erzählt wird, dass sie keine Nationalsozialisten gewesen seien: „Opa war kein Nazi". Lässt sich dieser – empirisch nicht sehr breit untermauerte – Befund auch auf die Familien der Schüler/innen übertragen? Schwierig ist dieser Ansatz, wenn die meisten Familien der Schüler/innen einen Migrationshintergrund haben, ihre Vorfahren also möglicherweise zur NS-Zeit jenseits der Einflusssphäre des NS-Staates gelebt hatten.

3.10.2 Gedenkstätten

In mehreren ehemaligen Konzentrationslagern gibt es heute Gedenkstätten. Auch sie haben eine Geschichte, eine Entstehung, in der Akteure sich dafür eingesetzt haben, dass der Ort nicht vergessen wird bzw. aus der Vergessenheit in die Gegenwart geholt wird. Ihre Geschichte ist meist nicht aufgearbeitet. Hier können sich mehrere spannende Fragen ergeben: Was motivierte die damaligen Akteure zu ihrem Engagement? Inwiefern unterscheidet es sich von dem der heutigen Akteure? Und wie blicken die Initiatoren auf die Geschichte der Gedenkstätte zurück?

Auch könnten Einstellungen der Besucher/innen erhoben werden, beispielsweise inwiefern erreicht die Gedenkstätte eigentlich ihre Ziele bei den heutigen Besucher/innen? Ist die Gedenkstättenkonzeption noch zeitgemäß? Hier ist der Übergang vom Forschenden Lernen zur reinen Projektarbeit fließend, beispielsweise könnten Vorschläge für die (Neu-)Konzeptionierung der Gedenkstätte oder eines Teils davon erarbeitet werden, die dann zur Diskussion gestellt werden können. Gerade bei ehrenamtlich geführten Gedenkstätten wird dies oft Anklang finden.

3.10.3 Denkmäler

Ein bisher oft noch unterschätztes Thema sind Denkmäler. Fast in jedem kleinen Ort in Deutschland finden sich Denkmäler, die meisten wurden in Erinnerung an die gefallenen deutschen Soldaten im Ersten Weltkrieg errichtet. Hier finden sich bestimmte Narrative, Erzählungen. So wollten die Initiatoren dem Tod der eigenen Söhne einen Sinn geben, meist im Narrativ der Heldenerzählung.

Dabei ist die Bedeutungszuschreibung von Denkmälern nie konstant, die Erzählungen ändern sich. Besonders deutlich wird das an der Gestaltung der Denkmäler, die oft nur auf den ersten Blick unverändert bleiben. So ist an mehreren Orten zu beobachten, dass das einst in Ehren gehaltene Denkmal bisweilen in der Bedeutungslosigkeit verschwindet, beispielsweise in Uetersen wurde das Ehrenvolle durch einen Vorgarten vor dem Denkmal betont, der inzwischen einer Bushaltestelle weichen musste. Kein seltenes Phänomen. Auch das Drängen in die Bedeutungslosigkeit ist ein Zeichen für den Umgang mit Geschichte. Dies lässt sich im Geschichtsunterricht thematisieren, ggf. auch mit einer produktiven Wendung, indem Vorschläge zu einem künftigen Umgang mit dem Denkmal von den Schüler/innen erarbeitet werden. An der St. Johannis-Kirche in Hamburg ist beispielsweise 1996 bei einem solchen Kriegerdenkmal ein Gegendenkmal entstanden (www.gedenkstaetten-in-hamburg.de/gedenkstaetten/gedenkort/gegendenkmal-zum-31er-denkmal/, entnommen: 19.8.2015), das wiederum eine bestimmten Perspektive auf die Vergangenheit dokumentiert. Es muss ja nicht gleich ein solches Gegendenkmal entstehen, es können auch kleinere Aktionen sein.

Besonders interessant kann dies für Schüler/innen sein, wenn sich solche Denkmäler in der Schule befinden. Gibt es hier eine thematische Einordnung bzw. Erläuterung oder ist das mögliche Heldennarrativ dort noch immer wie vor rund hundert Jahren vorhanden?

Recherchemöglichkeiten im Bereich des Forschenden Lernens zu den Denkmälern bieten meist die örtlichen Archive, vor allem aber auch die Tageszeitung. Der Volkstrauertag ist Ankerpunkt, an dem man punktuell recherchieren kann. Zumeist gibt es an diesem Tag eine Veranstaltung an einem der örtlichen Denkmäler. Hier könnten sich Schüler/innen den Fragen widmen, inwiefern sich die Bedeutungszuschreibung des Denkmals (und des Volkstrauertags) geändert hat.

Möglich sind auch Befragungen zu den örtlichen Denkmälern: Inwiefern sind sie in der Bevölkerung, in der Schüler-, Eltern- und Lehrerschaft eigentlich bekannt? Auch hier zeigt sich, welche Bedeutung den Denkmälern in der Gegenwart zukommt.

Des Öfteren werden in diesem Kontext auch sogenannte Stolpersteine verlegt, die sich den Opfern des NS-Staates vor Ort widmen. Solche Stolpersteine stellen einen guten Weg dar, in den Recherche münden kann. Die Betreuung wie z.B. die Pflege solcher Stolpersteine kann dann wiederum von immer neuen Schüler/innen übernommen werden.

3.10.4 (Todes-)Anzeigen

Ein Teil der Erinnerungskultur sind Todesanzeigen in den örtlichen oder auch in den überregionalen Zeitungen. Fragestellungen sind hier denkbar, inwiefern sich die Erinnerungskultur diesbezüglich im Laufe einer bestimmten Zeit geändert hat.

Aber auch Werbeanzeigen können interessante Quellen darstellen. Hier könnte man untersuchen, inwiefern sich Konsumgewohnheiten geändert haben oder auch inwiefern die Gestaltung solcher Anzeigen einem Wandel unterworfen ist – eine Kooperation mit dem Fach Kunst liegt da auf der Hand.

3.10.5 Bestattungskultur

Der Umgang mit dem Tod, mit den Toten sagt sicher auch etwas über die jeweilige Gesellschaft aus. Die Bestattungskultur ist einem radikalen Wandel unterworfen. Friedhöfe müssen zum Teil schließen, es gibt dort so viele Freiflächen wie nie zuvor. Das verbreitete Effizienzdenken und die Mobilität der Gesellschaft zeigen sich in den kleiner werdenden Gräbern. Hier sind Fragestellungen auch im Vergleich verschiedener Städte bzw. Friedhöfe möglich: Inwiefern hat sich die Bestattungskultur in den Orten verändert, beispielsweise auch im Vergleich von Stadt und Land? Gibt es ähnliche Tendenzen oder eher Unterschiede? Friedhöfe gibt es in fast jedem Ort, auch hier kann die Heimatstadt zum Klassenzimmer werden. Man kann mit den Schüler/innen rausgehen und ihre Stadt erkunden, besser kennenlernen. Methodisch sind hier Möglichkeiten denkbar, neben Experteninterviews mit dem Pastor oder jemandem aus der

Friedhofsverwaltung können auch quantitative Verfahren gewählt werden, indem z.B. exemplarisch Gebiete auf dem Friedhof untersucht werden, inwiefern es in den neueren Bereichen mehr Gräber auf derselben Quadratmeterzahl gibt als auf älteren Friedhofsbereichen.

Möglich ist auch eine Betrachtung der Folgen der neuen Friedhofskultur für die Verantwortlichen: Welche Folgen werden durch diesen Wandel für Bestatter und Friedhöfe hervorgerufen? Die Grenzen zu soziologischen Fragestellungen sind da fließend.

3.10.6 Migration, Flucht, Vertreibung

Zeichen von Migration gibt es ebenfalls in jedem Ort. Hier sind zum einen die Flüchtlinge und Vertriebenen am Ende und kurz nach dem Zweiten Weltkrieg zu nennen. Sie bieten viele Möglichkeiten zur Projektarbeit und auch zum Forschenden Lernen. Untersucht werden kann hier z.B., welche Narrative sie über die Ursachen der Vertreibung vorlegen oder wie sie auf die Zeit des Nationalsozialismus blicken? Unterscheiden sich diese Erzählungen bei den Vertriebenen oder finden sich ähnliche Narrative? Auch sind hier Interviews mit verschiedenen Generationen der Vertriebenen möglich.

Die Überprüfung mancher Angaben wird zumeist schwierig sein, vor allem wenn es um Ereignisse geht, die in kleinen Orten, in Familien stattfanden. Hilfreich kann dennoch die Frage sein, woher die Befragten ihre Kenntnisse haben: aus den Erzählungen anderer Familienangehöriger oder aus schriftlichen Überlieferungen aus der jeweiligen Zeit? Quellenkritik kann also auch hier ansetzen.

Während Vertriebene in der Regel zumindest lange Zeit in der Erinnerungskultur präsent waren, gilt das für die Migranten aus der jüngeren Zeit nur selten. Sie spielen in der lokalen Geschichtsschreibung meist keine Rolle. Für das Forschende Lernen bietet das verschiedene Möglichkeiten, so kann die Geschichte dieser Menschen in das lokale Gedächtnis geholt werden. Hier sei z.B. an die sogenannten Gastarbeiter oder die Russlanddeutschen gedacht. Wo kamen sie her? Was haben sie am Beginn in Deutschland erlebt? Inwiefern wurde ihre Integration organisiert, beispielsweise auch auf schulischer Ebene? Der Gegenwartsbezug liegt auf der Hand. Die sprachliche Barriere könnte wohl am ehesten für die Lehrkraft ein Problem darstellen, aber mit einer entsprechenden Zusammensetzung der Schülerschaft sollte das kein unüberwindbares Hindernis darstellen.

Es lässt sich aber auch der Fokus verändern, indem auf Migration aus dem Heimatort bzw. aus Deutschland geblickt wird. Man denke hier an die Auswanderer ab der Mitte des 19. Jahrhunderts, hier sind etliche Menschen vor allem nach Amerika ausgewandert. Wo sind diese Menschen hingegangen, lassen sich heute noch entsprechende Spuren in den USA finden? Das Internet kann hier helfen, zudem das Auswanderermuseum in Hamburg, hier liegen z.B. auch die Passagierlisten vor, die man auch nach Orten durchsuchen kann (www.ballinstadt.de/familienforschung).

Bei allen Bereichen der Migrationsgeschichte sind Gegenwartsbezüge möglich, z.B. was bedeutet die Migration in der Geschichte für den Umgang mit Migranten heute?

3.10.7 Lokale Organisationen

Vor Ort sind viele Vereine und Organisationen aktiv, beispielsweise Sportvereine, Kirchen, Arbeiterwohlfahrt oder die Parteien. Sie können ebenso einen interessanten Zugang für Schüler/innen bieten. Zeitzeugen wird es vor Ort immer geben, vermutlich nicht selten auch schriftliche Überlieferungen. Zu achten ist dabei darauf, dass die Darstellungen am Ende nicht in einer Aneinanderreihung von Zahlen münden, sondern dass Zusammenhänge herausgearbeitet werden, z.B. auch Motivstrukturen der (ehrenamtlichen) Akteure.

3.10.8 Biographien lokaler Persönlichkeiten

In jedem Ort gibt es Personen, die vor Ort eine große Bedeutung hatten oder auch haben. Man denke hier allein an die Bürgermeister/innen, die Ehrenbürger/innen usw. Schüler/innen können versuchen, sich diesen Personen anzunähern, beispielsweise durch Interviews, Recherche in der Lokalzeitung oder auch in privaten Beständen. Ein Problem besteht vor allem bezüglich einer kritischen, multiperspektivischen Reflexion, denn einerseits ist die Beleuchtung kritischer Aspekte von Personen gerade im lokalen Raum mit größeren Konflikten verbunden, zudem stellt sich die Frage, ob kritische Aspekte überhaupt herausgearbeitet werden können, ob entsprechende Quellen vorliegen. Letztlich kann man nur vor dem Verfassen von Hagiographien warnen. Konflikte im lokalen Raum können durchaus interessant sein, lässt sich daran doch viel hinsichtlich der Erinnerungskultur analysieren und lernen.

3.10.9 Familiengeschichte

Oben wurde bereits eine Idee zur Familiengeschichte skizziert. Hier lassen sich viele weitere Ideen verorten. Beispielsweise ließe sich die Familienstruktur analysieren und wie sie sich im Laufe der Zeit innerhalb einer Familie oder auch einer Kommune verändert hat. Methodisch wäre es möglich, mit Interviews verschiedene Generationen zu befragen, beispielsweise zu ihren Einstellungen zur Familie, darunter auch Aspekte wie uneheliche Kinder, Scheidung usw., bei denen sich in den letzten Jahrzehnten ein großer Wandel vollzogen hat.

Zu diesem Kontext zählen auch die Formen der Liebesbeziehungen sowie die Einstellungen zur Sexualität. Dabei könnten Schüler/innen herausarbeiten, inwiefern sich hierbei ein Wandel in einer bestimmten Zeit vollzogen hat.

3.10.10 Überregionale Themen

Ist der Fokus nicht auf die Heimatstadt begrenzt, sind selbstverständlich kaum begrenzte Themen möglich. Sie können hier nicht alle dargelegt, es sollen nur einige Ideen genannt werden, die vielleicht nicht unbedingt im konventionellen Fokus liegen. Zudem sei der Hinweis erlaubt, dass es gut ist, wenn bei überregionalen Themen Quelleneditionen vorliegen, da die Quellenarbeit im Geschichtsunterricht eine zentrale Rolle spielen sollte.

Zu den inhaltlichen Ideen: Fußball spielt in der heutigen Gesellschaft eine sehr große Rolle, Jugendliche sind oft fasziniert von dem Sport. Die allgemeine Erzählung suggeriert, dass dies immer bzw. sehr lange schon so ist. Man denke hier nur an das Narrativ des Titelgewinns der deutschen Fußballnationalmannschaft im Jahre 1954, das den Titel in seiner zeitgenössischen Bedeutung deutlich überhöht. Die mediale Aufmerksamkeit, die dem Gewinn damals geschenkt wurde, ist beispielsweise nicht im Ansatz vergleichbar mit dem von 2014. Hier können Projektarbeiten im Bereich des Forschenden Lernens ansetzen, indem methodisch die Presseberichterstattung untersucht wird, z.B.: Inwiefern unterscheidet sich die Presseberichterstattung bei den Titelgewinnen 1954, 1974, 1990 und 2014? Man kann hier zwar ebenso mit Lokalzeitungen arbeiten, die ja immer einen überregionalen Teil haben, kann aber auch die überregionale Presse untersuchen, die zum Teil sogar online verfügbar ist (z. B. der Spiegel).

Interessant ist hierbei vor allem, warum es einen Wandel in der Bedeutung des Sports gegeben hat, was sagt dies über den Wandel der Gesellschaft aus? Viel ist hier ablesbar über die Bedeutung der Freizeitkultur (Engel 2007). Auch könnte hierbei die Verbindung von Sport und Politik untersucht werden. Während es heute z.B. üblich ist, dass Politiker/innen bei vielen „wichtigen" Spielen anwesend sind, war dies in den 1950er Jahren alles andere als üblich.

Historische Filme bieten ebenso verschiedene Möglichkeiten für das Forschende Lernen. So könnte untersucht werden, inwiefern sich die Erzählungen in einem Spielfilm zu einem Thema im Vergleich zu der im Schulbuch oder in einer Monographie unterscheiden, z.B.: Welche Akteure einer Widerstandsgruppe werden in einem Film fokussiert, welche in einer bestimmten schriftlichen Darstellung? Hierbei kann zugleich herausgearbeitet werden, dass Filme eben auch Erzählungen sind, was Schüler/innen häufig nicht bewusst ist, für ihre historisch-politische Bildung aber äußerst bedeutend.

Weiterführend sind hier viele Projekte im Bereich der Filmanalyse möglich, beispielsweise auch hinsichtlich von Filmproduktionen in unterschiedlichen Zeiten oder im Vergleich unterschiedlicher Entstehungskontexte. Hier sei z.B. an Filme über die NS-Zeit gedacht, die in der DDR und in der Bundesrepublik entstanden sind: Welche jeweiligen Narrative finden sich, welche politische Geschichte wird über die NS-Zeit erzählt?

IV. Projektideen jenseits der Fachgrenzen

In diesem abschließenden Kapitel sollen noch Projekte vorgestellt werden, die z.T. fächerübergreifend konzipiert sind und die sich auch in Arbeitsgemeinschaften oder im Ganztagesbereich realisieren lassen.

1. Von wegen Wikipedia – Schüler/innen schreiben ein Lexikon über ihre Heimatstadt

„Von uns allen wird das Lexikon als Meilenstein in unserer Schulzeit und unserer persönlichen Erinnerung gesehen, die uns nicht mehr genommen werden kann", so die beiden Klassensprecher/innen einer 10. Klasse über ein – noch – ungewöhnliches Projekt. Fächerübergreifend in den Fächern Geschichte, Deutsch, Geografie und Biologie mit Bezügen zu Wirtschaft/Politik hatte eine gymnasiale zehnte Klasse ein Lexikon über ihren Heimatort Uetersen verfasst.

Ein solches Projekt hört sich mächtig an und gerade das mag abschrecken, es mit den eigenen Schüler/innen umzusetzen. Man kann aber entwarnen: Das Projekt ist ebenso auf kleinere inhaltliche Einheiten oder auch auf einzelne Fächer zu übertragen. Insofern kann das hier vorgestellte Lexikon-Projekt zugleich als Inspirationssteinbruch für kleinere Projekte betrachtet werden. Am Schluss dieses Kapitels werden einige Beispiele für solche Projekte dargelegt, die analog oder in Teilen analog zu diesem Projekt realisiert werden können.

Die Schüler/innen haben in diesem realisierten Lexikon-Projekt den komplexen Prozess der Entstehung eines Buches sowie dessen Vertrieb nachvollzogen und zugleich selbst gestaltet („Von der Idee zum Produkt"). Zunächst lernten sie die Textsorte Lexikonartikel kennen, erarbeiteten Kriterien für das Schreiben der Artikel. Jede/r Zehntklässler/in hatte die Aufgabe, zwei Lexikonartikel zu verfassen. Zur Auswahl standen sechzig Themen, die die Schüler/innen nach Relevanzkriterien selbst ausgewählt hatten. Insofern wurde durch die individuelle Schwerpunktsetzung an die Interessen der einzelnen Schüler/innen unmittelbar angeknüpft.

Für sie bot das Projekt enorme Lernchancen. Entgegen sonst üblichem Schüler/innenverhalten durften sie ihren Text nicht auf die Onlineenzyklopädie Wikipedia stützen. Vielmehr war die Recherche entsprechend dem Ansatz des Forschenden Lernens vor Ort gefordert, beispielsweise in der Stadtbücherei, im Heimatmuseum, im Archiv der Lokalzeitung und bei Gesprächen mit Zeitzeugen und Experten – ihre Heimatstadt wurde ihr Klassenzimmer. Die ausführliche, gründliche und quellenkritische Recherche stand im Vordergrund. Die ansonsten für Schüler/innen durch hohes Tempo gekennzeichnete Textproduktion wurde hier entschleunigt.

1.1 Verantwortung für die Gruppe übernehmen

Das Projekt konnte nur gelingen, wenn die Schüler/innen sowohl ihren eigenen Lernprozess als auch den der Mitschüler/innen im Blick hatten. Verantwortung für sich selbst und zugleich für die Klasse zu übernehmen, beides war hier untrennbar miteinander verbunden und Gelingensvoraussetzung. So waren alle an mehreren Stellen gefordert, die Arbeit der Klassenkameradinnen und Kameraden konstruktiv voranzutreiben. Beispielsweise korrigierten die Jungautorinnen und Jungautoren in binnendifferenzierten Teams in einem mehrstufigen Korrekturverfahren ihre Artikel gegenseitig und ließen sie somit „wachsen". Die Entwicklung und die Endfassungen der Texte dokumentieren die bisweilen bemerkenswerten Lernfortschritte.

Dass Schüler/innen ihre Texte mehrfach überarbeiten, sie gegenseitig redigieren, ist im Schulalltag wohl eher eine Seltenheit. Dabei zählt das Schreiben von Texten zu den zentralen Kulturtechniken unserer Gesellschaft und stellt somit auch eine Schlüsselqualifikation in der Berufswelt dar.

Besonders motivierend war für die Schüler/innen, etwas zu schaffen, das Interesse jenseits des Klassenraums findet, das gelesen wird. Gerade dies unterscheidet dieses Produkt von den meisten anderen, die in der Schule entstehen. Die Schülerin Laura merkte dazu an: „Als klar wurde, dass das Lexikon wirklich rauskommt, hat es immer mehr Spaß gemacht, weil man wusste, meine Arbeit wird gewürdigt, andere Leute können in dem Buch lesen und ich habe es nicht umsonst gemacht wie eine Klassenarbeit."

1.2 Planung und Umsetzung

Für uns Lehrkräfte war es neben u.a. der Festlegung der Bewertungsmodi und der zeitlichen Strukturierung wichtig, vorzurecherchieren, wie das zu erstellende Panorama aus den Perspektiven verschiedener Fachdisziplinen auf die Kleinstadt Uetersen aussehen könnte. Denn zwar sollte die Themenauswahl durch die Schüler/innen mithilfe der Uetersener Bürger/innen erfolgen, gleichwohl sollten wir Lehrer/innen uns in den Themen selbst fachlich zumindest halbwegs auskennen, um die Auswahldiskussion ggf. argumentativ erweitern zu können. Hier wirkte sich der unterschiedliche fachliche Hintergrund von uns Lehrkräften positiv aus.

Unsere Erfahrungen bezüglich der Produktion von Lexikontexten waren gering. Daher haben wir uns noch bei mehreren Redaktionen von Nachschlagewerken über Kriterien der Artikelgestaltung abgesichert, beispielsweise bei der Redaktion des Brockhauses sowie des Biographischen Lexikons für Schleswig-Holstein und Lübeck.

„Von der Idee zum Produkt“, so lautete die Leitidee. Die Herausforderungen waren vielfältig. Es mussten nicht nur gute Texte produziert werden, sondern es war auch dafür zu sorgen, dass aus diesen Texten ein Buch entsteht, das im Handel erhältlich ist und möglichst viele Abnehmer/innen findet. Insgesamt wurden vier Monate Zeit bis zur Fertigstellung des Buches veranschlagt. Zentral war hierbei, dass die Schüler/innen alle zu erledigenden Aufgaben (möglichst kleinschrittig) erfassten, danach erstellten sie einen strikten Zeitplan, ohne ihn und die Abgabetermine der jeweils neuesten Textfassungen wäre das Projekt sicher gescheitert.

Dabei war es jedoch nicht so, dass in den beteiligten Fächern die gesamte Unterrichtszeit hierfür verwendet wurde. Vielmehr wurden am Beginn rund drei Wochen für die Planungsphase veranschlagt, anschließend wurde der „normale“ Unterricht weitgehend fortgesetzt. Lediglich von den Hausaufgaben wurden die Schüler/innen während der gesamten Projektzeit befreit, sie sollten diese Zeit ihrer Recherche und ihren Texten widmen. Auftretende Fragen, Textüberarbeitungen usw. fanden zumeist im Deutschunterricht und zentral an einem Redaktionswochenende in einer Jugendbildungsstätte statt. Darüber hinaus standen wir den Schüler/innen jederzeit zur Verfügung, oft wurde per E-Mail korrespondiert.

1.3 Themenauswahl

Die Entscheidung, wer und was in einem Lexikon stehen soll, ist nicht einfach zu treffen. Um mögliche Artikelthemen zu erhalten, wurden verschiedene Wege gegangen. So recherchierten einerseits die Schüler/innen selbst, andererseits wurden die Bürger/innen der Stadt Uetersen mit in die Themenauswahl einbezogen. Hierfür führte die Klasse eine Umfrage in der Stadt durch, rief aber auch in den verschiedenen Lokalzeitungen die Bürger/innen dazu auf, Vorschläge zu unterbreiten. Konzeptionell hatte dies den Hintergrund, dass wir nicht auf die Kompetenz der Uetersener verzichten und zugleich den Jugendlichen vermitteln wollten, dass dieses Projekt nicht nur eines einer zehnten Klasse ist, sondern auch eines *für* die Stadt Uetersen – die Schüler/innen als ein Teil der Kommune, die sie zugleich mit diesem Projekt kulturell mitgestalten konnten.

Die endgültige Auswahl musste jedoch innerhalb der Redaktion getroffen werden und damit von der Klasse. Hierfür erarbeitete sie Bewertungskriterien: Die in dem Lexikon dargestellten Themen sollten einerseits eine maßgebliche Relevanz für die Stadt Uetersen haben und/oder über die Stadt Uetersen hinaus von Bedeutung sein. Wir Lehrkräfte führten nur Bedenken an, brachten Argumente für oder gegen ein Thema, falls diese nicht von den Schüler/innen genannt wurden. Über die endgültige Aufnahme stimmte die Klasse ab, an dieser Stelle wie an vielen anderen war klar: Sie haben nicht nur das Recht, über die Themenwahl abzustimmen, sondern zugleich tragen sie auch die Verantwortung für diese Themenwahl. Der gesamte Auswahlprozess hat gezeigt, dass sie sich dieser Verantwortung bewusst waren, niemand unterbreitete sinnfreie Vorschläge, vielmehr gingen alle äußerst behutsam mit diesem Mitgestaltungsrecht um.

1.4 Zusätzliche Aufgaben wie eine Schülerfirma

Zugleich boten wir den Schüler/innen verschiedene zusätzliche, freiwillige Aufgaben an, die für die Realisierung zugleich notwendig waren. Beispielsweise befassten sich einige mit Fragen des Copyrights. Diese waren von zentraler Bedeutung, schließlich hätten diesbezügliche Fehler finanzielle Konsequenzen für das Projekt haben können. Für externe Fotos mussten die Abdruckgenehmigungen von den Rechteinhabern eingeholt werden, für die Schüler/innen eine vollkommen neue Erfahrung.

Auch erarbeitete eine Gruppe ein Konzept zum gesamten ökonomischen Bereich des Projektes, also ein Schülerfirmenkonzept. Darin enthalten waren z.B. das Marketing sowie der gesamte Bereich der Finanzen. Auch hier wurde die Klasse eingebunden und war zentrale Entscheidungsinstanz, einerseits um die ganze Klasse ins ökonomische Denken einzuführen, andererseits um das Konzept selbst weiterzuentwickeln. Der Konzeptentwurf wurde in der Klasse ausführlich diskutiert, Verbesserungsvorschläge wurden dargelegt, er wurde schließlich überarbeitet und später umgesetzt.

Die Schüler/innen waren gefordert, das Lexikon zu vermarkten. Dafür entwickelten sie eine Marketingstrategie, drehten einen Werbefilm, der nicht nur bei Youtube zu sehen ist, sondern auch im lokalen Kino gezeigt wurde. Hier konnte an ihre Alltagswelt (u. a. Videokonsum) angeknüpft werden. Verhandlungsgeschick mussten sie gegenüber dem Kino ebenso entwickeln wie gegenüber dem Buchhandel und dem ortsansässigen Sponsor von Lesezeichen, die in der Stadt als Werbung für das Lexikon verteilt wurden.

Bei diesen Aufgaben zeigte sich, welche Leistungen die jungen Menschen zeigen können, wenn man ihnen Entfaltungsspielraum einräumt und sie zugleich fordert. Dass diese Tätigkeiten ebenso für das Gesamtprojekt und damit auch für die Klassengemeinschaft notwendig waren, motivierte die Schüler/innen zusätzlich.

1.5 Arbeit am Text

Wir Lehrkräfte wollten aber nicht nur mit dem Projekt, das nur beim Zusammenwirken der einzelnen Schüler/innen realisiert werden konnte, den Einzelnen motivieren, sondern versuchten zugleich, die Rahmenbedingungen entsprechend zu gestalten. Ein zentraler Baustein war hierbei das Redaktionswochenende in einer Jugendbildungsstätte, hier lernten sie, wie z.B. auch in der Stadtbücherei, „am anderen Ort". Dort hatten wir nicht nur die Ruhe, um an den Texten zu arbeiten, sondern zugleich erlebten die Schüler/innen hier die motivatorische und zugleich auch disziplinierende Wirkung, die von solchen Arbeitsstätten ausgehen kann. Wie die vielen Studierenden, die sich bewusst in die Universitätsbibliothek begeben, um dort fern der Ablenkungsmöglichkeiten der modernen Welt für ihre Prüfungen zu lernen, hatten die Schüler/innen dort einen ähnlichen Raum zu Verfügung. Sie sahen, dass die anderen auch arbeiteten, da war es schwer, sich abzusondern. Bemerkenswert ist, welche Energie die Schüler/innen zum Teil freilegten. An diesem Wochenende musste nach 22 Uhr ein Drittel der Klasse ermahnt werden, endlich die Arbeit an den Texten zu beenden. Das hatten wir Lehrkräfte noch nie zuvor erlebt. Die Schülerin Sabine steht exemplarisch für viele, wenn sie sich positiv zu diesem Wochenende äußert, „weil wir trotz der Arbeit viel Zeit mit der Klasse verbracht haben und die Klassengemeinschaft durch solche Fahrten einfach besser wird."

Die Schüler/innen mussten alle ihre Texte mit Fußnoten belegen. Dies hatte nicht nur die Funktion, sie an das wissenschaftliche Arbeiten heranzuführen, sondern zugleich auch den Leser/innen des Lexikons die Möglichkeit zu geben, das Fundament der Texte zu bewerten, was bei einem Buch aus Schüler/innenhand noch einmal wichtiger ist.

In einem mehrstufigen Korrekturverfahren ließen die Jungautorinnen und Jungautoren ihre Sachartikel in einer Korrekturwerkstatt wachsen. Dass Schüler/innen ihre eigenen Texte überarbeiten, sie gegenseitig redigieren, ist im Schulalltag eher eine Seltenheit. Sie schlüpfen in die Rolle des Kritikers, erwerben so Diagnosekompetenzen und entwickeln gleichzeitig eine konstruktive Distanz zu ihrem eigenen Text. Das Verfahren des planvollen Überarbeitens gliederte sich in mehrere Phasen: In einem ersten Schritt lasen die Schüler/innen kriteriengeleitet anhand von Checklisten gegenseitig ihre Texte, identifizierten Fehler und vermerkten die Korrekturen direkt im Text. Anschließend erfolgte in den Werkstatt-Teams ein mündlicher Diskurs über das Gelesene. Insgesamt gab es während des Lexikon-Projektes sieben solcher Korrekturphasen, bei denen zweimal auch die Lehrer/innen Teil des Revisionsprozesses waren.

In einer gesonderten Phase wurden alle Texte einer Plagiatskontrolle unterzogen, durchgeführt von den Schüler/innen selbst. Einen gewissen Erfolgsdruck übte dabei auch die in den Unterricht eingebundene Plagiatsdiskussion über die Dissertationen von Spitzenpolitikern aus.

Diese Korrekturteams hatten wir Lehrkräfte leistungsheterogen zusammengestellt und dabei auch mit wechselnden Gruppenzusammensetzungen gearbeitet. Damit verfolgten wir den Ansatz der Binnendifferenzierung, denn die Stärkeren sollten nicht nur ihre (sprachlichen) Kompetenzen in die Gruppe einbringen, sondern zugleich die jeweilige Gruppe koordinieren. Ebenso wollten wir erreichen, dass alle Schüler/innen alle Lexikontexte kannten und sie somit auch auf diesem Wege ihre Stadt näher kennenlernten.

Es wurden nicht alle Texte in das Lexikon aufgenommen. Wir haben uns für dieses Verfahren entschieden, um den Schüler/innen zu verdeutlichen, dass Standards bei der Produktion von Texten existieren, die an die Öffentlichkeit gehen. Der Klassengemeinschaft hat dies keinesfalls geschadet, schließlich haben alle zum Erfolg des Projekts beigetragen, indirekt bei der Textproduktion durch die Beratungen der Mitschüler/innen oder auch bei der Weiterentwicklung des Schülerfirmenkonzepts.

1.6 Weiterwirken des Projekts

Gewonnene Erkenntnisse über solche Projekte sollten weitergegeben werden. Dies erfolgte zum einen durch die zahlreichen Artikel in den lokalen und regionalen Zeitungen sowie durch einen Fernsehbeitrag des Norddeutschen Rundfunks. Auch machten die Schüler über „ihre" Kanäle auf das Projekt aufmerksam.

Gleichzeitig sollten auch andere Schüler/innen der Schule von dem Lexikonprojekt profitieren. So engagierten sich all die Jungautor/innen, die einen

Lexikonbeitrag zu einem biologischen Thema verfasst hatten, an einer biologischen Stadtführung für eine 5. Klasse. Im Rahmen des jahrgangsübergreifenden Lernens erfuhren die Unterstufenschüler/innen nicht nur etwas über ihre Heimatstadt, wie den „Naturdenkmälern", der „Rosenzüchtung", dem „Rosarium" sowie der „Pinnau", sondern lernten auch von den Zehntklässler/innen, das Gewässer des örtlichen Flusses auf chemische und biologische Parameter hin zu untersuchen.

Hierzu passt es auch, dass die Schüler/innen mit den Uetersener Nachrichten einen Sponsor gewinnen konnten: Der Herausgeber kaufte den Schüler/innen 150 Bücher zu einem Sonderpreis ab. Die gekauften Bücher erhielt in einem Jahr jede/r neue Fünftklässler/in als Begrüßungsgeschenk. Den zukünftigen Gymnasiasten wurde damit nicht nur ein Überblick über ihre Stadt Uetersen gegeben, sondern zugleich auch aufgezeigt, was Schüler/innen leisten können. Das hiervon eingenommene Geld ging an die örtliche Tafel. Zugleich spendete die Klasse von den Einnahmen aus dem Lexikon 625 Euro an ein Kinderhospiz.

Die Erkenntnisse wurden nicht nur an Jüngere weitergegeben. Für eine – nicht am Ort wohnende – neue Lehrerin, die zum Halbjahr in die Klasse kam, organisierte die Klasse eigenständig eine Stadtführung. Der Heimatbund in Uetersen lud die Klasse ein und die Schüler/innen referierten dort vor den Senioren über ihre Arbeitsergebnisse: Lernen generationsübergreifend.

Ein solches Projekt bietet zahlreiche Lernchancen. Auch wenn Lexika sicher nicht zur Lieblingslektüre von Teenagern zählen, kann man sie dennoch hierfür – und damit auch für ein Buch – begeistern. Die Schülerin Jule meint rückblickend: „Als ich hörte: ‚Wir schreiben ein Lexikon!' war für mich im ersten Moment der Spaß vorüber. Doch je länger ich an diesem Projekt saß, desto mehr habe ich es in mein Herz geschlossen und bin schon ein bisschen traurig, dass es vorbei ist."

1.7 Lernchancen für die Schüler/innen

Hier können nicht alle Lernchancen dargelegt werden, die mit diesem Projekt verbunden waren, die wichtigsten seien aber kurz erläutert:

1. Die Schüler/innen haben erkannt, wie viel ihre – bei Jugendlichen oft als etwas trostlos verschriene – Stadt zu bieten hat, wie sich verschiedene Fachdisziplinen auch dort wiederfinden. Ihre Stadt war der Lernstoff und das Klassenzimmer zugleich.
2. Sie haben gelernt, gründlich zu recherchieren und die gefundenen Quellen kritisch zu hinterfragen, was für alle beteiligten Fachdisziplinen von zentraler Bedeutung ist, schließlich sollten keine Fehler in den Texten enthalten

sein. Entgegen den sonst von den Schüler/innen üblichen oberflächlichen Internetrecherchen brachte die Recherche vor Ort und die Befragung von Experten Genauigkeit, Behutsamkeit und Reflexion in den gesamten Textproduktions- und Lernprozess. Diese Entschleunigung und das damit verbundene exakte Arbeiten sind den Schüler/innen eher fremd, gleichwohl ist sie notwendig.

3. Die mit der Recherche verbundene Kommunikation mit anderen Menschen war für sie lehrreich. Die Arbeit wurde eben nicht wie sonst oft üblich nur am heimischen Computer erledigt. Vielmehr mussten sich die Schüler/innen hinausbewegen, z.B. die genannten Experten interviewen. Die Zehntklässlerin Laura berichtet rückblickend, dass sie gelernt habe, auf fremde Menschen zuzugehen, sie sei im Laufe des Projektes diesbezüglich selbstbewusster geworden. Aber selbst die Arbeit am Schreibtisch zeigte, wie notwendig es ist, dass Formen der Korrespondenz gelernt werden. Die nach dem Abschluss des Projektes erfolgten E-Mail-Korrespondenzen zwischen unserem Lehrerteam und den Schüler/innen zeigen, dass sich der Aufwand gelohnt hat.
4. Die Förderung der Teamfähigkeit war insofern angelegt, dass es ein Projekt der gesamten Klasse war, bei dem alle mitwirken mussten, wenn es Erfolg haben sollte. Die Schülerin Jule bringt es auf den Punkt, wenn sie sagt, dass „die Klasse durch das ganze Projekt zusammengerückt sei".
5. Das Projekt forderte die Schüler/innen. Zugleich legte es aber auch viel frei, was in ihnen an Energie, (potentieller) Kompetenz und Leistungsfähigkeit steckt, wenn man sie fordert. So berichtet Laura: „Ich hätte nicht gedacht, dass ich meine Artikel so gut schreiben kann. Ich bin an meine Grenzen gestoßen, habe sie aber auch erweitert und ich traue mir jetzt vor allem schulisch viel mehr zu."
6. Die Schüler/innen haben gelernt, Kaufentscheidungen der Verbraucher zu erkennen und zu analysieren und entsprechenden Einfluss auf die Kaufentscheidungen zu nehmen (Werbung). Auch haben sie u.a. erlernt, betriebswirtschaftlich zu kalkulieren.
7. Projektmanagement ist ein zentrales Feld in vielen beruflichen Feldern. Die Schüler/innen haben hier bereits in einem relativ kleinen Projekt erkannt, dass es einen strukturierten (Zeit-) Plan (mit Abgabe von Zwischenergebnissen) erfordert, um ein solches Buchprojekt umzusetzen.
8. Die Schüler/innen haben gelernt, sich als ein Teil der Gesellschaft und vor allem ihrer Heimatstadt zu verstehen und erkannt, dass ihre Erkenntnisse auf Nachfrage stoßen (ablesbar u.a. Verkaufszahlen des Buches). Das von

der Klasse gespendete Geld an die lokale Tafel sowie ein Hamburger Kinderhospiz, wozu sich die Klasse in einem demokratischen Verfahren selbst entschlossen hat, zeigt zudem die gesellschaftliche Verantwortung.

1.8 Probleme

Ein Projekt ohne auftretende Probleme gibt es nicht. So traten auch in diesem Projekt mehrere Probleme auf und wir Lehrkräfte machten Fehler bzw. würden im Rückblick einige Punkte anders machen. Dazu gehört sicher der sehr enge Zeitplan von vier Monaten. Sinnvoller wäre es auch für uns Lehrkräfte gewesen, dies etwas zu entzerren, denn die Korrekturen, die von uns geleistet wurden, war nicht nur zeitlich aufwändig, sondern auch in einer arbeitsreichen Phase im Schuljahr – in den Wochen vor Weihnachten. Diese Belastungsspitze hätte durch eine Verlängerung beispielsweise um einen Monat einfach verhindert werden können.

Auch wenn manche Schüler/innen über sich hinauswuchsen und zum Teil wohl die größten Leistungen ihrer Schulzeit (trotz noch drei Jahre folgender Oberstufe) ablieferten, blieben einige wenige doch mit der Aufgabe überfordert. Dies lag aber weniger an der Textproduktion als vielmehr an der Schwierigkeit, sich selbst zu motivieren und zu organisieren. Der konstruktive Umgang mit zugebilligten Freiheitsgraden fiel ihnen schwer. Auch wenn mehrere Beratungsgespräche geführt wurden, hätte man rückblickend vielleicht noch stärker die Eltern in den Arbeitsprozess mit einbinden sollen. Ob dies etwas genützt hätte, muss selbstverständlich offen bleiben.

1.9 Kleinere und schneller umsetzbare Alternativen

Die Klasse wuchs zusammen und freute sich über den Erfolg: Entstanden ist ein Panorama aus den Perspektiven verschiedener Fachdisziplinen auf die Heimatstadt der Schüler/innen. Knapp 1100 Exemplare des Lexikons wurden auf Grund der Aktivierung verschiedener Vertriebswege verkauft. Aber viel wichtiger ist wohl, was die Sechszehnjährige Melanie sagt: „Wenn man sich daransetzt, kann jeder das schaffen." Dabei ließe sich das Projekt einerseits genau so auf andere Schulen übertragen, andererseits können auch einzelne Bausteine davon problemlos umgesetzt werden.

Einige Alternativen seien hier kurz aufgeführt: 1. Kopieren der Texte in einer kleinen Zahl (Umgehen des Buchdruckverfahrens), 2. (zeitlich beschränkte) Veröffentlichung der Texte auf der Internetseite der Schule, 3. Der betriebswirtschaftliche Part, die Schülerfirma, könnte ausgeklammert werden. 4. Andere thematische Schwerpunkte wären möglich: in Großstädten Stadtteillexika, ein Nachschlagewerk für die eigene Schule entwickeln, das zugleich für die jeweils neuen und jüngsten Schüler/innen von Interesse sein könnte. Zudem ist eine Begrenzung auf einen biographischen Ansatz zur Stadt, zur Schule oder zum Sportverein ebenso denkbar.

2. Zeitungsprojekte

Schülerzeitungen gibt es schon lange und ihre Gestaltung ist äußerst vielfältig, dies bezieht sich einerseits auf das Layout, andererseits auf den Inhalt. Anspruchsvolle, reflektierte und kritische Schülerzeitungen zu realisieren, ist extrem schwer. Als Lehrer/in steht man hier in einem Spannungsfeld: Zum einen will man den Schüler/innen Freiraum geben, damit sie sich den Themen widmen, die sie interessieren. Oft geht es hier aber um Unterhaltungsthemen, die neueste Liste der Schüler-Charts, die zumeist zum Zeitpunkt der Veröffentlichung zumindest bei Printausgaben schon veraltet ist. Zum anderen will man Perspektiven für Themen öffnen, die die Schüler/innen nicht kennen, ihnen Unbekanntes zeigen, ein kleines Stück der Welt. Und dann geht es eben auch um Berichterstattung, die sich informierend oder gar als aufklärend verstehen sollte, die auch Themen aufgreift, die unangenehm sind, mit denen man ggf. auch aneckt.

Zeitungsprojekte bieten zahlreiche und auch sehr unterschiedliche Lernchancen. Zum einen geht es um das Schreiben von Texten, um die Überarbeitung und die Abstimmung, ob ein Text veröffentlichungsreif ist. Zum anderen geht es um klassische Organisationsfragen, die sich auf verschiedene Aufgaben beziehen, beispielsweise die Frage der Finanzierung, des Vertriebs oder des Marketings. Aber auch Fragen nach den Funktionen von Medien im demokratischen Staat können bzw. sollten hier in die praktische Arbeit miteinfließen.

2.1 Funktionen der Medien im demokratischen Staat

Auch wenn es auf die inhaltliche Orientierung des journalistischen Projekts ankommt, so ergibt es in den meisten Fällen Sinn, sich erst einmal die Funktionen der Medien im demokratischen Staat zu vergegenwärtigen und anschließend zu reflektieren, inwiefern die auch für das angestrebte Medium wie beispielsweise einer Schülerzeitung gilt. Konkret geht es dabei um folgende Funktionen:

- Informationsfunktion
- Kritik- und Kontrollfunktion (Auf der Makroebene beispielsweise der Regierung, des Parlaments usw., auf der Mikroebene kann es Fragen des Unterrichts betreffen.)
- Meinungsbildungsfunktion

2.2 Print versus online

Früher wurden alle Schülerzeitungen gedruckt. Das Internet bietet jedoch neue Möglichkeiten: Die Kosten für den Druck verschwinden und reduzieren sich insgesamt deutlich. Auch können etwaige Fehler in den Texten leicht und schnell korrigiert werden. Potentiell erreicht man mehr Menschen als mit Printausgaben, theoretisch ist eine Online-Schülerzeitung global lesbar.

Es sind aber auch Nachteile mit digitalen Zeitungen verbunden. Vor allem ist da der Wert des Gedruckten, man kann die Zeitung anfassen, sonst ist alles virtuell und – trotz etwaiger Gegenbehauptungen – verschwindet sehr viel davon schnell wieder. Eine gedruckte Zeitung nehmen zumindest die Zeitungsmacher auch nach Jahren gerne wieder in die Hand und erfreuen sich daran. Schüler/innen der Schülerzeitung, die an meiner ersten Schule realisiert wurde, kamen fünf Jahre nach dem Abitur auf die Idee, eine – nicht kommerzielle – Zeitung zu gründen. Offensichtlich spielten da die Erfahrungen zu Schülerzeitungszeiten eine Rolle, vor allem auch bei der Entscheidung, dass sie unbedingt gedruckt werden solle.

2.3 Zeitung und Deutsch als Zweitsprache

Eine weitere Möglichkeit ist, die Zeitung nicht (nur) auf die Schule, sondern auf die Kommune zu beziehen. Nun gibt es dort meist eine Lokalzeitung, ein besonderer Zugang könnte aber sein, eine Zeitung mit lokalen Themen mit dem Lernen der deutschen Sprache zu verbinden. Vorbilder könnten die Zeitschriften „World and Press“ oder „Spotlight“ sein, bei denen die englischsprachigen (Zeitungs-)Artikel immer Übersetzungshilfen für die deutschen Leser/innen haben. Deutschen soll es hiermit erleichtert werden, Englisch zu lernen. Bei dem hier vorgeschlagenen Projekt wären die Sprachlerner/innen dann die Migrantinnen und Migranten. Ziele wären hier insofern nicht nur die Vermittlung kommunaler Inhalte, sondern auch das Erlernen der deutschen Sprache.

Zu empfehlen ist hierbei, Kooperationspartner/innen zu suchen. Neben den Sprachlehrkräften an der eigenen Schule könnte das auch die Lokalzeitung sein – ggf. lässt sich das Projekt mit ihr gemeinsam realisieren, evtl. auch im Rahmen von „Zeitung in der Schule“, das es vielerorts gibt. Auch könnten örtliche Wohlfahrtsverbände, Vertretungen der Migrantinnen und Migranten (z. B. für Übersetzungshilfen) oder die Stadtverwaltung ein guter Ansprechpartner oder Sponsor sein.

3. Schülerfernsehen und Filmprojekte

Filmprojekte bieten sich für alle Fächer an, insbesondere auch für die Bereiche Geschichte, Wirtschaft oder Politik. So kann über die Geschichte vor Ort in einem Film berichtet oder ein Schülerfernsehen realisiert werden. Die Inspiration für das Schülerfernsehen kam durch ein Kinderreporter/innenprojekt in Kassel (Emde und Grüning, 2012).

3.1 Erste Regel: Ausprobieren!

In Deutschland gibt es kaum Schüler-TV-Projekte, vermutlich keine 20. Das ist erstaunlich, schauen doch Jugendliche zunehmend Videos online und erstellen bisweilen selbst auch bemerkenswert professionelle Filme. Die Videoplattform Youtube zeigt genau diese beiden Seiten: Die genaue Anzahl der Klicks dokumentiert zumindest halbwegs genau, wie oft ein Video angeschaut wurde und wie beliebt es ist. Zum anderen sind durch diese Plattformen regelrechte Jugendstars emporgekommen, die mit ihren Filmchen ihre Generation beeindrucken. Inzwischen werden sie von den konventionellen TV-Sendern zur Kenntnis genommen, interviewen vor Wahlen Spitzenpolitiker/innen und RTL mischt kräftig bei Youtube mit.

Warum es also so wenig Schüler-TV-Projekte gibt, lässt sich wohl vor allem dadurch erklären, dass viele Lehrer/innen gewisse Berührungsängste mit dem Produzieren eigener TV-Sendungen haben, entsprechende Erfahrungen nicht vorhanden sind und die Schüler/innen sich möglicherweise besser damit auskennen als sie selbst. Um es deutlich zu sagen: Diese Ängste sind unbegründet. Dass man sich als Lehrer/in hiermit nicht auskennt, ist sicher verständlich – in der Regel erwirbt man diese Kompetenzen (leider) nicht im Studium. Dabei gilt hier wie oft bei der Projektarbeit und auch beim Forschenden Lernen: Am besten man fängt einfach an, probiert es aus, tastet sich somit an die Filmarbeit heran und entwickelt sich dann selbst auch weiter. Oder um es mit den Worten eines Dozenten einer Filmhochschule zu sagen, den ich nach dem richtigen Vorgehen fragte: „Einfach machen!"

Genau so war es bei unseren TV-Projekten: Am Anfang war viel Unkenntnis und allmählich haben wir gelernt, wie man so etwas umsetzt – ohne selbstverständlich anmaßend behaupten zu wollen, dass wir Profis wären. Hilfreich waren für die eigene Weiterentwicklung die ständige Selbstreflexion der eigenen Arbeit und die der Schüler/innen. Hierfür war es weiterbringend, einen Profi in den Unterricht zu holen. Der Moderator Thorsten Eppert („Herr Eppert sucht ...") kam zu uns, hat die Filme der Schüler/innen besprochen, sie und damit auch uns Lehrkräfte beraten. Sicher wird es nicht immer möglich sein, einen solchen Filmemacher in den Unterricht einzuladen (allein auf Grund der geografischen Lage mancher Schulstandorte), aber auch hier gilt: Einfach versuchen! Genau so kam bei uns der Kontakt zustande: Ich hatte ihn angeschrieben und dann das Glück, auf seine Begeisterung zu stoßen. Eine Alternative können die offenen Kanäle sein, die es in manchen Städten gibt.

Inzwischen existieren an unserer Schule zwei TV-Programme, bei der die Sendungen jeweils online zu sehen sind (Uetersen TV und Meynungsfreiheit TV sind zu sehen unter: www.uetersentv.de). Die Sendungen von Uetersen TV werden in einem Wahlpflichtkurs, also im regulären Unterricht, zumeist von Achtklässler/innen produziert, die von Meynungsfreiheit TV im Rahmen einer Arbeitsgemeinschaft, jahrgangsübergreifend von der fünften bis zur elften Klasse. Man sieht m. E. den Sendungen an, dass sie im Laufe der Zeit besser geworden sind und dies hat vor allem eine Ursache: Unsere Kompetenzen als Lehrkräfte haben sich deutlich weiterentwickelt. Dabei muss bedacht werden, dass die Sendungen von Uetersen TV nach jedem Schuljahr wieder von neuen Achtklässler/innen produziert werden, die zuvor meist noch nicht mit der Filmarbeit in Berührung gekommen waren, also bei „null“ beginnen.

Schülerinnen bereiten das Filmen eines Interviews vor. (Foto: Sönke Zankel)

3.2 Kein Geld, was nun?

Die Frage, welche Technik man einsetzt, ist nicht ganz einfach zu beantworten und hängt vom Budget ab, das der Schule zur Verfügung steht. Sollte dies sehr begrenzt sein, bleibt einem nichts anderes übrig, als erst einmal klein anzufangen. Manchmal lohnt der Blick auf etwaige Finanziers, dies kann der Förderverein der Schule sein oder evtl. eine gemeinnützige Stiftung in der Region. Man kann diese Anfangsfinanzierung aber auch als ein Teil des Projekts (beispielsweise auch einer Schülerfirma) definieren, indem man Werbezeit verkauft. Mit der Werbung könnten dann die Kosten finanziert werden. Zwar werden die meisten Unternehmen eher ein geringes Interesse haben, Werbezeit bei einem Sender zu kaufen, den es noch nicht gibt, zumal sich die Unternehmen in der Provinz oft eher auf Werbung im Printbereich konzentrieren, was sich vermutlich in den kommenden Jahren aber ändern wird. Die Werbepartner unterstützen aber evtl. ein solches Projekt, wenn es Jugendliche realisieren. Dann geht es denen nicht mehr um die Werbung, sondern um die Unterstützung eines Projekts der Jugend vor Ort. Die Chance darauf wird erhöht, wenn beispielsweise Verwandte der Schüler/innen in einem der in Frage kommenden Unternehmen arbeiten.

Bei der Werbung sollte auf einige Punkte geachtet werden: Neben ethischen (Will man für alles werben?) sind vor allem mögliche Werbeverbote in der Schule zu bedenken. Hier sollte man sich mit der Schulleitung absprechen. Auch wird es schwierig, Werbung vor die Videos zu schalten, wenn diese bei Youtube veröffentlicht werden. Möglicherweise reicht den Geldgebern dann ein Hinweis im Abspann der Sendung.

3.3 Kamera und Ton

Gleichgültig, wie viel Geld vorhanden ist, eine Regel für die Filmarbeit ist wichtig: Auf den Ton sollte geachtet werden, er ist oft die Schwachstelle. Aufnahmen z. B auf dem Schulhof mit vielen Nebengeräuschen oder auch bei nur leichtem Wind zerstören meist die ehrgeizigsten Projekte, weil man kaum etwas versteht, wenn man nur einen Camcorder mit dem internen Mikrophon verwendet.

Man kann hier relativ einfach Abhilfe schaffen, indem man den Ton separat aufnimmt bzw. ein externes Mikrophon hat. Das heißt, die Kamera braucht möglichst einen externen Mikrophoneingang. Leider verzichten die meisten Kamerahersteller inzwischen darauf, gleichwohl gibt es diese Kameras, zum Teil auch für nicht allzu viel Geld.

Als Mikrophon kann auch ein Schülerhandy oder ein Diktiergerät dienen. Das „Zoom H1" ist sehr empfehlenswert (Kosten rund 100 Euro), es liefert für das wenige Geld einen exzellenten Ton. Mit dem Gerät kann zugleich auch der Ton aufgenommen werden, sodass man ihn einerseits dort gespeichert hat, andererseits mit der Videoaufnahme der Kamera.

Nun braucht man nur noch ein (rund 5 Meter langes) Kabel zwischen der Kamera und dem Diktiergerät (3,5 mm-Klinke). Am Anfang hatten wir die günstigen Varianten aus dem Elektronikmarkt gekauft. Nach dem häufigen Nutzen stellte sich jedoch heraus, dass dies keine gute Entscheidung war, z.B. brachen die Stecker (ohne Verschulden der Schüler/innen) ab, in diesem Fall noch in der Kamera, womit nicht nur das Kabel entsorgt werden, sondern die Kamera auch in die Reparatur musste. Inzwischen sind wir umgestiegen, haben Kabel im Einsatz, die pro Stück rund 30 Euro kosten, viel Geld, aber eine gute Investition.

Findet man keine bezahlbare Kamera, die einen externen Audio-Eingang hat und sich somit mit dem Audiogerät verbinden lässt, so kann beides auch separat aufgenommen werden. Dann sollte bei beiden Aufnahmen am Beginn jeweils ein akustisches Signal erfolgen, z.B. ein lautes in die Hände Klatschen, das ersetzt die klassische Filmklappe. Beim Schnitt ist dies für die Zusammenführung von Audio- Und Videospur hilfreich.

Sollte etwas mehr Geld vorhanden sein, kann mit Spiegelreflex-Kameras gefilmt werden. Das Bild der Kameras ist z. T. so gut, dass auch bei professionellen TV-Aufnahmen damit gefilmt wird. Lediglich bei Aufnahmen mit viel Bewegung zeigen diese Kameras Schwächen. Ein Mikrophoneingang ist oft vorhanden, der Ton kann ausgesteuert werden.

Das Objektiv sollte nach dem Zweck ausgewählt werden. Hat man eine Festbrennweite, ist das Objektiv meist lichtstark, zugleich ist aber das Zoomen nicht möglich. Hier empfiehlt sich eine Beratung im Fachhandel, damit genau besprochen werden kann, welche Aufnahmen man machen will. Wir arbeiten mit unterschiedlichen Objektiven, am liebsten nehmen die Schüler/innen eines mit Weitwinkel- und Telebereich.

Da Schüler/innen hier am Werk sind, sollte gerade bei teureren Kameras eines nicht vergessen werden: ein UV-Filter, den man vorne auf das Objektiv schrauben kann. Bisher habe ich noch keine Lerngruppe erlebt, in der die Schüler/innen nicht mit ihren Fingern vorne auf das Objektiv gefasst haben. Der UV-Filter hat dabei vor allem die Funktion, die Linse zu schützen.

Und noch eine Sache ist zu empfehlen: Kauft man eine höherwertige Kamera, so empfiehlt sich der Abschluss einer quasi „Vollkaskoversicherung". Mehrere Anbieter bieten sie an. Da bei der Arbeit der Schüler/innen doch immer wieder etwas kaputt geht, war diese Entscheidung eine der wichtigsten bei der Anschaffung des Equipments. Auch empfiehlt es sich, zumindest die Neuware nicht im Internet zu kaufen, sondern im Einzelhandel vor Ort. Nicht nur für die Unterstützung der lokalen Wirtschaft ist dies wichtig – vielleicht kann man bei ihr im Sinne der genannten Werbung bzw. des Sponsorings sogar einen besonderen Preis heraushandeln. Darüber hinaus hat dies den Vorteil, dass man bei möglichen Reparaturen den Versandweg spart und insgesamt weniger Aufwand hat, aber das ist selbstverständlich eine Frage der persönlichen Prioritäten.

3.4 Stativ

Auf ein Stativ sollte nicht verzichtet werden, dies gilt umso mehr, wenn mit einer Spiegelreflex gefilmt wird. Man sollte auch bei dem Stativ nicht zur billigsten Möglichkeit greifen. Stabilität ist wichtig, denn hier sind junge Leute am Werk. Also nichts Klappriges kaufen, uns ist dieser Fehler am Anfang unterlaufen, nach kurzer Zeit war das 40-Euro-Stativ hinüber. Für etwas mehr als 100 Euro bekommt man zumindest schon etwas Belastbares.

Dazu braucht man noch einen Stativkopf. Falls das Budget reichen sollte, ist ein Stativkopf zu empfehlen, der das ruckfreie Schwenken ermöglicht, also einer, der für das Filmen vorgesehen ist. Alles in allem bekommt man für 220-250 Euro etwas Ansprechendes und langfristig Haltbares. Alternativ kann man hier auch schauen, ob man gebraucht etwas günstiger erwerben kann – das gilt bei Finanzknappheit selbstverständlich für das gesamte Equipment.

Dann fehlt nur noch die Kameratasche, ein Ersatzakku für die Kamera, Akkus für das Mikro bzw. Aufnahmegerät und Speicherkarten. Setzt man mit einer Klasse so ein Projekt um, sollten die Schüler/innen wenn möglich eigene Speicherkarten kaufen, das überträgt Verantwortung auf sie und vermeidet viele Konflikte.

Fasst man die Investition finanziell zusammen, so bekommt man für rund 1200 Euro eine sehr gute Ausrüstung. Geht man in das untere Preissegment, ggf. auch gebraucht, dann liegt man bei rund 400 Euro. All dies ist wohlgemerkt aber nur für eine Ausrüstung, filmt eine ganze Klasse oder ein ganzer Kurs, sollte man alles mindestens zweifach haben.

3.5 Dreharbeiten

Auch wenn es gut ist, die Schüler/innen beim Filmen viel ausprobieren zu lassen, so sollten sie doch einige Tipps und Kriterien mit an die Hand gegeben bekommen. Dabei können die Kriterien zudem dazu dienen, die Filme der Schüler/innen zu bewerten.

Häufig ist es so, dass die Schüler/innen bei ihren ersten Aufnahmen erst einmal aus einer Halbtotalen drehen, zudem nur aus dieser Perspektive. Die Folge sind recht eintönige Filmbeiträge, die zudem den Sehgewohnheiten der Schüler/innen nicht entsprechen, da sie einen sehr schnellen Bildwechsel gewohnt sind.

Daher ist es wichtig, Abwechslung in die Filme zu bringen und das lässt sich einfach durch möglichst viele Schnittbilder realisieren. Das heißt, es werden Aufnahmen gemacht, die später in den Beitrag reingeschnitten werden. Beispiele: Man interviewt die Bürgermeisterin, dann könnte man sie bei der Arbeit filmen, ihren Schreibtisch, wie sie dort sitzt, wie ihr Büro aussieht, wie sie mit der Sekretärin spricht usw. Lieber mehr als weniger Schnittbilder beim Dreh machen, das sollte den Schüler/innen unbedingt klar sein. Da die Schüler/innen am Drehort meist sehr viel zu beachten haben, empfiehlt es sich, dass sie vorher nicht nur die Interviewfragen vorbereiten, sondern sich auch mindestens zehn Schnittbilder überlegen und schriftlich fixieren. So sinkt die Gefahr, dass sie mit gar keinen zurückkommen – was immer noch oft passieren wird.

Schüler/innen bei den Dreharbeiten eines Dokumentarfilms. (Foto: Sönke Zankel)

Zudem gilt grundsätzlich, dass mindestens zwei verschiedene Kameraperspektiven gut sind. Die Regel „Nimm 2" lässt sich für die Schüler/innen relativ einprägsam verfestigen, indem man entsprechende Süßigkeiten mitnimmt. (Jovy 2013, S. 204)

Etwas schwierig gestalten sich die verschiedenen Kameraperspektiven, wenn man nur über eine Kamera verfügt. Vor diesem Problem stehen bisweilen auch professionelle Teams, da die Kosten für einen Kameramann selbstverständlich nicht gerade niedrig sind. Ein kleiner Trick kann hier Abhilfe schaffen: Hat man beispielsweise fünf Interviewfragen vorbereitet, wechselt man nach jeder Frage die Kameraperspektive. Für den Zuschauer sieht es später so aus, als sei mit mehreren Kameras gefilmt worden.

Es empfiehlt sich zudem, dass die Aufgaben für den Dreh Personen zugeordnet sind, so kann beispielsweise eine/r nur für die Interviewführung, eine/r für das Filmen (Ton und Bild) und eine/r für die Regie zuständig sein. Damit sind Verantwortlichkeiten klar geregelt.

Checkliste für die Dreharbeiten

	--	-	0	+	++
I. Ton					
Vor jedem Interview gibt es einen Soundcheck.					
Der Ton wird auch mit dem Audioaufnahmegerät aufgenommen.					
II. Bild					
Es werden möglichst viele Schnittbilder erstellt (z. B. passende Bilder aus der Umgebung, dem Raum oder von dem, über das der Interviewte spricht). Ggf. die Interviewten fragen, ob sie Fotos oder Videos von ihren Aktionen, über die berichtet wird, haben.					
Das Bild wird scharfgestellt.					
Der Interviewte wird auf Augenhöhe und von unterschiedlichen Perspektiven/von verschiedenen Standorten gefilmt („Nimm zwei"): Totale, Halbtotale, „Big Close" (z. B. Gesicht ganz dicht).					
In dem Beitrag gibt es besondere Perspektiven (Beispiele: 1. Den Star von unten filmen, damit er größer erscheint. 2. Das Gesicht des Kraftsportlers von ganz dicht (Anstrengung zeigen).					
Das Bild ist nicht verwackelt.					
Der Bildaufbau ist gelungen: Die Interviewpartner wurden sinnvoll „ins Bild gesetzt". Passender Hintergrund zum Thema.					
Die Interviewpartner werden auch bei Aktivitäten gefilmt.					
Der Beitrag hat einen roten Faden: Es erfolgt eine Anmoderation, der Moderator führt durch die Sendung, es gibt einen Abschluss.					

3.6 Schnitt

Der Schnitt ist eine mühselige Arbeit. Als Programm recht kostengünstig für Schulen mit den entsprechenden Lizenzen ist derzeit Magix.

Die Lehrkraft sollte sich vorher mit dem Programm beschäftigen, aber keine Angst haben, wenn sie nicht alles durchdrungen hat. Viele Fragen ergeben sich erst im Projektverlauf. Youtube bietet mehrere hilfreiche Tutorials.

Für die Fertigstellung der Filme und die Schneidearbeit seien nun noch einige Tipps genannt:

1. Bildrechte: Es sollten unbedingt nur eigene Fotos oder Filmaufnahmen verwendet werden, hier können im Unterricht oder in der Lerngruppe gleich Bezüge zu Copyrightfragen erfolgen. Als einzige Ausnahme kann hier gelten, dass die Schüler/innen die Rechte der Copyright-Inhaber einholen, was aus pädagogischen Gründen sinnvoll sein kann.
2. Musikrechte: Youtube bietet einiges an gemafreier Musik. Wir greifen hingegen auf die Musik des Schneideprogramms oder auf die von Schüler/innen erstellte zurück – Kooperationen bzw. Aufträge an das Fach Musik können für beide Seiten gewinnbringend sein.
3. Schnitt: Wir geben als Regel aus, dass spätestens alle sieben Sekunden ein Schnitt erfolgen soll. Filmemachern wäre das sicher zu dogmatisch, aber gerade für den Anfang ist das ein guter Orientierungswert für Schüler/innen. Ansonsten droht die Gefahr endloser Interviews, die alle aus einer Kameraperspektive gefilmt werden.

3.7 Filme veröffentlichen

Es gibt verschiedene Möglichkeiten, die Filme zu veröffentlichen. Der einfachste und kostengünstigste ist z.B. eine Plattform wie Youtube. Hier kann man sich einen Kanal anlegen und die Videos dann hochladen. Eine weitere Möglichkeit ist, eine eigene Internetseite für das Schülerfernsehen zu erstellen oder erstellen zu lassen. Letzteres bietet sich z.B. an, um die Kompetenzen der Schüler/innen in diesem Bereich zu fordern, aber auch zu fördern. Entweder könnte es ein/e Schüler/in übernehmen, die/der sich in dem Bereich auskennt, alternativ könnten Schüler/innen eine solche Seite mit einem Contentmanagament-System selbst entwickeln. Für eine solche Seite brauchen Zehntklässler ohne Vorkenntnisse ca. einen Arbeitstag. Problem hierbei: Jährlich entstehen Kosten für die Systemnutzung, die Internetseite und letztlich auch für Webspace – je mehr Videos, desto mehr braucht man davon. Alternativ kann man auch die bei Youtube hochgeladenen Videos auf einer Internetseite einfach einbinden – dann entfällt zumindest das Problem mit dem ständig umfangreicher werdenden Webspace.

Uetersen TV und Meynungsfreiheit TV sind auf Youtube zu sehen, die Videos sind dazu auf der eigenen Internetseite eingebunden.

Dringend geklärt werden muss vor dem Hochladen der Videos, ob die Eltern damit einverstanden sind, dass ihre Kinder dort zu sehen sind. Dies sollte man sich schriftlich bestätigen lassen. Möchten es manche nicht, dann wäre das kein allzu großes Problem, denn erstens müssen nicht alle vor der Kamera stehen und zweitens ließe sich notfalls auch gänzlich auf Schüler/innen vor der Kamera verzichten, wobei gerade das den Charme einer solchen Sendung ausmacht. Im Abspann und z.B. auch bei Bauchbindern sollte nicht der vollständige Name zu sehen sein, entweder nur der Vorname oder gar kein Name. Die Absprache mit der Schulleitung ist selbstverständlich auch wichtig.

3.8 Tipps zum Umgang mit dem Equipment

Sollten nur ein oder zwei Kameras vorliegen, muss die Ausleihe der Kameras koordiniert werden, da meist alle Schüler/innen einen gemeinsamen Abgabetermin haben. Ein Terminplaner empfiehlt sich hier, in dem sich die Schüler/innen eintragen können, wann sie die Kameras benötigen.

Es lässt sich leider nicht ausschließen, dass immer wieder Teile des Equipments verlorengehen. Um nur einige aufgetretene Beispiele zu nennen: Eine SD-Karte lag auf dem Schulhof, der Objektivdeckel im Schulgebäude, das Stativ bei einem Schüler zuhause und Akkus waren nicht mehr auffindbar.

Folgendes Verfahren kann helfen: In der Praxis zumindest bei uns an der Schule hat sich die Übergabe der Kameras an die Lehrkraft oft als schwierig erwiesen. Die Schüler/innen leihen sich oft im Sekretariat etwas aus und bringen es dorthin zurück, ohne dass es kontrolliert wird. Dieses System hat sich als extrem fehleranfällig erwiesen, da nicht rekonstruierbar ist, wer für einen etwaigen Verlust verantwortlich ist. Eine Übergabeliste, die die Schüler selbst ausfüllen müssen, kann hier Abhilfe schaffen. Ist sie nicht ausgefüllt, hat derjenige einen Fehler gemacht und trägt zumindest Teilverantwortung. Sollte das Sekretariat nicht eingebunden werden, kann auch der Kameratasche eine Übergabeliste beiliegen, falls die Schüler/innen sich das Equipment im Alltag gegenseitig übergeben.

3.9 Schülerfernsehen – ein lohnendes Projekt?

Die Frage kann ganz klar bejaht werden. Man muss sicher vorher überlegen, wo man ein solches doch recht zeitintensives Projekt platziert. Eine AG oder ein Wahlpflichtkurs sind sicher gute Orte, evtl. kann man auch im Politikunterricht beim Thema Medien damit beginnen und es im AG Rahmen fortsetzen.

Inzwischen laufen die beiden Projekte in Uetersen seit fünf Jahren, knapp 500 Videos wurden erstellt, u.a. auch mehrere Nachrichtensendungen mit den News aus der Region. Es ist doch erstaunlich, wie oft und wo diese Videos angeschaut werden: Insgesamt sind es rund 135 000 Klicks, über 4000 Stunden wurden die Videos angesehen.

Pro Video sind es oft nicht viele Klicks, das merken die Schüler/innen manchmal an. Sie vergleichen sich dann mit den Youtube-Stars, die mehrere Millionen Klicks verbuchen. Das ist jedoch nicht der Vergleichsmaßstab, sondern die Frage: Wie viele Menschen ansonsten ihre Arbeiten, die sie in der Schule erstellen, anschauen? Immerhin, die vor allem von Achtklässler/innen erstellten Videos wurden bisher in über 130 Ländern angeklickt. Das hat uns alle überrascht.

3.10 Dokumentarfilme

Sollte einem ein Schülerfernsehen zu umfangreich sein, sind selbstverständlich auch kürzere Filmprojekte möglich. So können Schüler/innen kleinere Reportagen, Dokus oder Erklärvideos drehen. In Uetersen haben Schüler/innen beispielsweise Filme zum Thema Flucht, über den Schriftsteller Gustav Frenssen und auch über die Frage, ob Hitler noch Ehrenbürger der Kleinstadt ist, gedreht. Beim letztgenannten Film konnten sie sogar dem wissenschaftlichen Dienst des Deutschen Bundestages Fehler in der Arbeit nachweisen, indem sie kritisch die Quellen und Darstellungen hinterfragt haben. (www.youtube.com/watch?v=Grz7ilClLd0)

Es wird aber eher selten der Fall sein, dass Schüler/innen tatsächlich so etwas aufdecken. Dennoch bieten informierende Filme viele Chancen, z.B. zu diesen Themen: Wie funktioniert die Kommunalwahl? Was macht eigentlich ein/e Bürgermeister/in? Wozu gibt es Parteien? Warum engagieren sich Menschen in Parteien? Sind die Filme gelungen, kann man sie auf die Internetseite der Schule stellen, dann profitieren auch andere davon und die Arbeit der Schüler/innen wirkt weiter.

Literaturverzeichnis

Aeppli, Jürg/Reinhardt, Volker (2015): Grundlagen der politikvernetzten Projektarbeit. In: Reinhardt, Volker: Jugend und Politik. Empirische Studien zur Wirkung politikvernetzter Projektarbeit. Wiesbaden.

Bertram, Christiane/Wagner, Wolfgang/Trautwein, Ulrich (2017): Learning Historical Thinking With Oral History Interviews: a Cluster Randomized Controlled Intervention Study of Oral History Interviews in History Lessons, American Educational Research Journal, American Educational Research Journal. Doi: 10.3102/0002831217694833.

Baurmann, Jürgen/Berkemeier, Anne (März 2014): Präsentieren – multimedial. In: Praxis Deutsch. Seelze, S. 4–11.

De Bono, Edward (2009): Think!: Denken, bevor es zu spät ist. München.

Bundesassistentenkonferenz (Hg.) (1970): Forschendes Lernen, wissenschaftliches Prüfen. Ergebnisse der Arbeit des Ausschusses für Hochschuldidaktik. Bonn.

Deci, Edward L/Ryan, Richard M. (1993): Die Selbstbestimmungstheorie der Motivation und ihre Bedeutung für die Pädagogik. In: Zeitschrift für Pädagogik 39, S. 223–238.

Detjen, Joachim (2013): Politische Bildung. Geschichte und Gegenwart in Deutschland. München.

Detjen, Joachim/Massing, Peter/Richter, Dagmar/Weißeno, Georg (2012): Politikkompetenz – ein Modell. Wiesbaden.

Dickmann, Philipp (2015), Schlanker Materialfluss mit Lean Production, Kanban und Innovation. 3. Aufl. Berlin.

Emde, Oliver/Grüning, Maria (2012): Die KasselAssel-KinderreporterInnen. Von einer Idee über ein Projekt zu einem Verein. In: Polis 2/2012, S. 13–15, http://blog.dvpb.de/wp-content/uploads/2015/03/polis_2_12_013–015_KasselAssel_KinderreporterInnen.pdf, entnommen am 18.8.2017.

Engel, Sebastian (2007): Die deutschen Weltmeisterschaftssiege 1954, 1974 und 1990. Eine Analyse der Wechselbeziehung von Fußball, Medien und kollektiver Erinnerung. Magisterarbeit Berlin.

Erbar, Ralph (2012): Zeugen der Zeit = Zeitzeugengespräche in Wissenschaft und Unterricht. In: Geschichte für heute. Zeitschrift für historisch-politische Bildung, 3/2012, S. 5–20.

Feichter, Helene (2015): Schülerinnen und Schüler erforschen die Schule. Möglichkeiten und Grenzen. Wiesbaden.

Forschauer, Uwe (2015): Projektmanagement mal anders – humorvoll und leicht verständlich. Handlungsfelder des Managements. Hamburg.

Gautschi, Peter (2015): Guter Geschichtsunterricht. Grundlage, Erkenntnisse, Hinweise, 3. Aufl. Schwalbach/Ts.

Goll, Thomas (2013): Politik, Wirtschaft und Sozialkunde unterrichten. Nach didaktischen Prinzipien oder Konzepten oder ganz anders. Opladen.

Gudjons, Herbert/Bastian, Johannes (1986): Das Projektbuch. Theorie – Praxisbeispiele – Erfahrungen. Hamburg.

Gudjons, Herbert (1994): Handlungsorientiert Lehren und Lernen. Schüleraktivierung – Selbsttätigkeit – Projektarbeit. Bad Heilbrunn. 4. Aufl.

Hascher, Tina (2011): Forschung zur Wirksamkeit der Lehrerbildung. In: Terhart, Ewald/Bennewitz, Hedda/Rohland, Martin (Hg.): Handbuch der Forschung im Lehrerberuf. Münster, S. 423 und 429.

Hattie, John (2013): Lernen sichtbar machen. Überarbeitete deutschsprachige Ausgabe von „Visible Learning". Baltmannsweiler.

Grube, Helmut/Huemer, Birgit/Rheindorf, Markus (2009): Wissenschaftliches Schreiben. Ein Praxisbuch für Studierende der Geistes- und Sozialwissenschaften. Wien.

Hodel, Jan (2013): Verkürzen und Verknüpfen. Geschichte als Netz narrativer Fragmente: Wie Jugendliche digitale Netzmedien für die Erstellung von Referaten im Geschichtsunterricht verwenden. Bern.

Homeyer, Eva (2008): Informationskompetenz an Grundschulen. Probleme und Perspektiven für Schulen und Lehrer. Berlin.

Huber, Ludwig (2009): Warum Forschendes Lernen nötig und möglich ist. In: Huber, Ludwig/Hellmer, Julia/Schneider, Friederike (Hg.): Forschendes Lernen im Studium. Aktuelle Konzepte und Erfahrungen. Bielefeld, S. 9–35.

Jakoby, Walter (2015): Intensivtraining Projektmanagement. Ein praxisnahes Übungsbuch für den gezielten Kompetenzaufbau. Wiesbaden.

Jovy, Jörg (2013): Digital filmen. Planen, Aufnahmen, Schneiden, Vorführen. München.

Juchler, Ingo (2013) (Hg.): Projekte in der schulischen und außerschulischen politischen Bildung. Bonn.

Kaminski, Hans/Schröder, Rudolf (2011): Schülerfirma. Arbeitsheft. Braunschweig.

Kaminski, Hans (2017): Fachdidaktik der ökonomischen Bildung. Paderborn.

Kayser, Jörg/Hagemann, Ulrich (2012): Urteilsbildung im Geschichts- und Politikunterricht. Berlin.

König, Hannes u.a. (2013): Die Schülerfirma: Didaktischer Leitfaden zur Existenzgründung. Schwalbach/Ts.

Körber, Andreas/Schreiber, Waltraud/Schöner, Alexander (2007): Kompetenzen historischen Denkens. Ein Strukturmodell als Beitrag zur Kompetenzorientierung in der Geschichtsdidaktik. Neuried.

Kühberger, Christoph (2015): Kompetenzorientiertes historisches und politisches Lernen. Methodische und didaktische Annäherungen für Geschichte, Sozialkunde und Politische Bildung, 3. Aufl. Innsbruck.

Kultusminister Konferenz und Bundesministerium für wirtschaftliche Zusammenarbeit und Entwicklung (Hg.) (2015): Orientierungsrahmen für den Lernbereich Globale Entwicklung im Rahmen einer Bildung für nachhaltige Entwicklung, 2. Auflage. Bonn.

Lange, Dirk (2012): Forschendes Lernen in der politischen Bildung, S. 24–29. In: Lange, Dirk/ Grabbert, Tammo/Heldt, Inke: Das Politik-Labor. Forschendes Lernen in der Politischen Bildung. Baltmannsweiler.

Lütgert, Will (2013): Didaktikum oder Brücke zum Vorbereitungsdienst? Anmerkungen zum Jenaer und Paderborner Praxissemester. In: Zeitschrift für Didaktik der Gesellschaftswissenschaften 2, H. 2, S. 197.

Massing, Peter (2002): Theoretische und normative Grundlagen politischer Bildung. In: Massing, Peter/Breit, Gotthard (Hg.): Die Rückkehr des Bürgers in die politische Bildung. Schwalbach/ Ts., S. 79–133.

Mieg, Harald A./Lehmann, Judith (Hg.) (2017): Forschendes Lernen. Wie die Universität und Fachhochschule erneuert werden kann. Frankfurt/M.

Oberle, Monika (2013). Chancen und Probleme projektorientierter politischer Bildung an Schulen. In: Juchler, Ingo (Hg.): Projekte in der schulischen und außerschulischen politischen Bildung. Bonn, S. 101–114.

Paletschek, Sylvia (2011): Stand und Perspektiven der neueren Universitätsgeschichte. In: Zeitschrift für Geschichte der Wissenschaften, Technik und Medizin (N.T.M.), 19, S. 169–189.

Reinhardt, Sibylle (2014): Handlungsorientierung. In: Sander, Wolfgang (Hg.): Handbuch politische Bildung. Bonn, S. 275–283.

Reinhardt, Volker (2007): Projektarbeit. In: Lange, Dirk: Methoden Politischer Bildung. Baltmannsweiler.

Reinhardt, Volker (Hg.) (2015): Jugend und Politik. Empirische Studien zur Wirkung politikvernetzter Projektarbeit. Wiesbaden.

Retzmann, Thomas (2017): Ökonomische Bildung in der Schule. Wirtschaftsdidaktische Schriften aus zwei Jahrzehnten. Schwalbach/Ts.

Schreiber, Waltraud (2007): Kompetenzbereich historische Methodenkompetenz (2007). In: Schreiber, Waltraud/Körber, Andreas/Schöner, Alexander: Kompetenzen historischen Denkens. Ein Strukturmodell als Beitrag zur Kompetenzorientierung in der Geschichtsdidaktik. Neuried, S. 194–235.

Schreiber, Waltraud/Körber, Andreas/von Borries, Bodo et al. (2007): Historisches Denken. Ein Kompetenz-Strukturmodell. In: Körber, Andreas/Schreiber, Waltraud/Schöner, Alexander: Kompetenzen historischen Denkens. Ein Strukturmodell als Beitrag zur Kompetenzorientierung in der Geschichtsdidaktik. Neuried, S. 15–53.

Spinnen, Burkhard (2011): Lasst das Powerpointen einfach sein! Eine sachliche Polemik, in: Caspary, Ralf (Hg.): Wissen 2.0 für die Bildung. Wie Wikipedia und Co. unsere Kultur verändern. Stuttgart, S. 55–70.

Sühl-Strohmenger, Wilfried. (2016): Zur Einführung. Neudefinition von Informationskompetenz notwendig? In: Sühl-Strohmenger, Wilfried (Hg.): Handbuch Informationskompetenz. Berlin, S. 1–5.

Tschirner, Martina (2014): Themenfindung und Projektplanung. In: Sauer, Michael (Hg.): Spurensucher. Ein Praxisbuch für historische Projektarbeit. Hamburg, S. 31–54.

Umweltbundesamt: Presseinformation Nr. 6/2009.

Vogler-Ludwig Kurt/Düll, Nicola/Kriechel, Ben (2016): Arbeitsmarkt 2030 - Wirtschaft und Arbeitsmarkt im digitalen Zeitalter. Bielefeld.

Welzer, Harald/Moller, Sabine/Tschuggnall, Karoline (2010): „Opa war kein Nazi". Nationalsozialismus und Holocaust im Familiengedächtnis. Frankfurt/M.

World Economic Forum (2016): The Future of Jobs. Employment, Skills and Workforce Strategy for the Fourth Industrial Revolution. Genf.

Zankel, Sönke (2008): Mit Flugblättern gegen Hitler. Der Widerstandskreis um Hans Scholl und Alexander Schmorell. Köln.

Zankel, Sönke (Hg.) (2009): Uetersen im Nationalsozialismus. Schüler der Ludwig-Meyn-Schule erforschen die Geschichte ihrer Stadt. Kiel.

Zankel, Sönke (Hg.) (2010): Uetersen und die Nationalsozialisten. Von Weimar bis in die Bundesrepublik. Neue Forschungsergebnisse von Schülern des Ludwig-Meyn-Gymnasiums. Kiel.

Zankel, Sönke/Schmidt, Doris/Koesterke, Lars (Hg.) (2012): Das Uetersen-Lexikon. Kiel.

Zankel, Sönke (Hg.) (2012): Skandale in Schleswig-Holstein. Beiträge zum Geschichtswettbewerb des Bundespräsidenten, Landeszentrale für politische Bildung Schleswig-Holstein. Kiel.

Zankel, Sönke (2012): Schüler als Sozialforscher. Schülereinstellungen zur Demokratie. In: POLIS, Report der Deutschen Vereinigung für Politische Bildung, 1/2012, S. 21–24.

Zankel, Sönke (2013): Schülermotivation in einer nachhaltigen Schülerfirma und der eigene Konsum. Untersuchung einer Schülerfirma, die fairgehandelte Textilien aus Biobaumwolle vertreibt. In: POLIS, Report der Deutschen Vereinigung für Politische Bildung, 4/2013, S. 21–23.

Zankel, Sönke (2014): Weg mit dem Lehrer? Motivation durch Selbstständigkeit. Untersuchungsergebnisse zu einem Schülerfirmenprojekt. In: Pädagogik, 2/2014, S. 34–37.

Zankel, Sönke (2015): Recherchieren und präsentieren können. Wie Referate und schriftliche Ausarbeitungen wirklich gelingen können. In: Pädagogik, 3/2015, S. 14–17.

Zankel, Sönke (2016): Kein Überdruss bei den Schülern am Thema Nationalsozialismus. Eine quantitativ-empirische Studie zum Oberstufenunterricht im Fach Geschichte in Schleswig-Holstein. In: AKENS, Informationen zur Schleswig-Holsteinischen Zeitgeschichte, Nr. 56, Kiel 2016, S. 138–159.

Zankel, Sönke (2016): „Einen Zusammenhang herstellen zwischen der Schule und unserer Gesellschaft". Schüler organisieren eine Flüchtlingskonferenz. In: Polis, Report der Deutschen Vereinigung für Politische Bildung, 1/2016, S. 21–25.

Zankel, Sönke/Günther, Niklas (2016): Unterricht einmal anders. Schüler lernen mit selbsterstellten Erklärvideos. In: Pädagogik 2/2016, S. 12–16.

Zankel, Sönke (2018): Regionalgeschichte mit Schülern erforschen. Zugänge und Möglichkeiten des Forschenden Lernens im Geschichtsunterricht und außerschulischen Kontext. Erscheint in: AKENS, Informationen zur Schleswig-Holsteinischen Zeitgeschichte, Nr. 57. Kiel.

Zarusky, Jürgen/Mehringer, Hartmut u.a. (1998): Widerstand als „Hochverrat" 1933–1945. Erschließungsband zur Mikrofiche-Edition Widerstand als Hochverrat. München.

Presseberichte

FAZ.net (1.12.2015): So wenige Arbeitslose wie seit 1991 nicht mehr, http://www.faz.net/aktuell/wirtschaft/konjunktur/mehr-erwerbstaetige-und-weniger-arbeitslose-in-deutschland-13942017.html [entnommen: 25.10.2017].

FAZ.net (27.10.2011): „Wir müssen erfinderisches Problemlösen trainieren", http://www.faz.net/aktuell/beruf-chance/michael-herrlich-vorsitzender-der-deutschen-erfinder-akadamie-wir-muessen-erfinderisches-problemloesen-trainieren-11508779.html [entnommen: 19.10.2017]

Hoffmann, Catherine/Kläsgen, Michael (2017): Wenn einer fällt. In Süddeutsche Zeitung, 5./6., S. 25.

Kals, Ursula (2017): Kritik erlaubt. Glückwunsch zum Fehler des Monats. In: http://www.faz.net/aktuell/beruf-chance/arbeitswelt/schindlerhof-hotel-mit-einem-ungewoehnlichen-geschaeftsmodell-14960559.html [erschienen: 15. April 2017, zuletzt abgerufen: 25.10. 2017].

Riedel, Alexander (11.2.2013): Bei Start-ups ist Erfolg die Ausnahme. In: www.tagesspiegel.de/wirtschaft/gruenden-und-scheitern-bei-start-ups-ist-erfolg-die-ausnahme/7768500.html, zuletzt abgerufen am 25.10.2017.

Internetressourcen

www.archivschule.de/DE/service/archive-im-internet/, zuletzt abgerufen: 25.10.2017.

www.ballinstadt.de/familienforschung, zuletzt abgerufen: 21.10.2017.

www.bstu.bund.de/DE/Home/home_node.html, zuletzt abgerufen: 25.10.2017.

www.bundesarchiv.de/benutzung/zeitbezug/nationalsozialismus/00299/index.html.de, zuletzt abgerufen: 25.10.2017.

www.bundesarchiv.de/benutzung/zeitbezug/nationalsozialismus/01587/index.html.de, zuletzt abgerufen: 25.10.2017.

www.bundesarchiv.de/index.html.de, zuletzt abgerufen: 25.10.2017.

www.bundesarchiv.de/fachinformationen/01001/index.html.de, zuletzt abgerufen: 25.10.2017.

www.bundes-schuelerfirmen-contest.de, zuletzt abgerufen 25.10.2017.

www.chiemgauer.info/informieren/statistik, zuletzt abgerufen am 25.10.2017.

www.coxundco.de, zuletzt abgerufen am 25.10.2017.

www.meyn-event.de, zuletzt abgerufen am 26.2.2018.

www.erziehungswissenschaften.hu-berlin.de/de/historische/forschung/abstracts/schuelerzeitungen-der-1950er-und-1960er-jahre-in-der-bundesrepublik-deutschland-artefakte-gymnasialer-schulkulturen-und-ihr-bedeutungswandel-pause, zuletzt abgerufen am 24.10.2017.

www.fairtrade-schools.de, zuletzt abgerufen am 20.10.2017.

www.fairtrade-schools.de/ideenpool/schuelerfirma-gruenden, zuletzt abgerufen am 20.10.2017.

www.gedenkstaetten-in-hamburg.de/gedenkstaetten/gedenkort/gegendenkmal-zum-31er-denkmal/, zuletzt abgerufen am 25.10.2017.

www.grafstat.com, zuletzt abgerufen am 20.10.2017.

www.junior-programme.de, zuletzt abgerufen am 25.10.2017.

www.meynproduction.de, zuletzt abgerufen am 25.10.2017.

www.nasch21.de, zuletzt abgerufen 25.10.2017.

www.uetersentv.de, zuletzt abgerufen 25.10.2017.

www.youngandfair.de, zuletzt abgerufen 25.10.2017.

MeynungsfreiheitTV – Folge 17: LMG-Konferenz zur Flüchtlingssituation am 3.10.2015, 14 Uhr Mensa, www.youtube.com/watch?v=_5bX_XOEF9M, zuletzt abgerufen 25.10.2017.

Das Uetersen-Lexikon, www.youtube.com/watch?v=l7NyxldPe4c, zuletzt abgerufen 25.10.2017.

MeynungsfreiheitTV – Folge 18: Bericht über LMG-Konferenz für Flüchtlinge am 3.10.2015, www.youtube.com/watch?v=oI0N_A_6PSQ, zuletzt abgerufen 25.10.2017.

Der Chiemgauer & Warum das Geld die Welt regiert – Planet Wissen Dokumentation mit Dirk Müller, https://www.youtube.com/watch?v=VLHVsBsUSkA, zuletzt abgerufen 25.10.2017.

Braune Altlast. Uetersens Ehrenbürger Adolf Hitler, der Deutsche Bundestag und Wikipedia: www.youtube.com/watch?v=Grz7ilClLd0, zuletzt abgerufen am 22.10.2017.